有信館剣道の歴史と文化

内藤 常男

ブックウェイ

凡例

▽本書は、戦前の雑誌、新聞、武芸書等から史資料として引用しているところもあります。このため、現在では使用上不適切な表現が含まれる箇所があります。

▽本書で引用されている史資料は、学術資料としての復刻ではなく、現代に応用できることを意図して現代かなづかいに改めたところもあります。また、句読点の明示、句読点の追加、行かえの明示、行かえの追加、等の修正が必要と判断された場合は適宜行いました。

▽本書で引用された史資料の文中に網掛けした部分があります。これは著者が、同文中で強調したいところを網掛けしたものです。

発刊にあたって

２０１４年6月に65歳で勤めていた会社を退任して、突然、身の置き所のない状態に陥ったと感じた。それまで、肩書き、名刺、組織で身を包み生きてきたのが、身ぐるみはがされてしまった。然るべき提出書類の職業欄には「無職」と書き、寄って立つ足場が覚束なくなった。いつかはそうなるだろうということを予想していたものの、現実は想定外だった。

そのようなとき、中学生から始めて、社会人になっても続けていた剣道にもう少し身を入れてやりたいと俄然意気込み始めた。しかし、若い剣士たちや鍛えぬいたシニアの剣士たちには歯もたたなかった。これまで盲目的に習得してきた技量（それほどたいしたものではないが）を振り回すだけでは、息抜きどころかお先真っ暗な状態が見えてきた。そうした悶々とした剣道の稽古の中でふと、剣道の師匠、中倉清範士九段のことが改めて思い起こされてきた。中倉先生には大学４年の剣道部主将のとき以来、社会人になってからも文武両道でご指導をいただいていた。

中倉先生は、言わずと知れた昭和の武蔵と異名され、戦前から戦後にかけて抜群の強さを誇ってきた。しかも70－80代の高齢になられても全日本優勝者クラスの剣士たちを圧倒し続けた。

中倉先生と自分を対比するのはたいへん不遜ではある。しかし、いくら天才的な剣豪で、一般剣道愛好家とは比べものにならないほど修行を積まれたにしても、そこにはなにか強さの理合いがあり、参考にできる身心技法があるのではないかと思うようになっていた。

先生が何気なく語ってくださった剣の手引き、心の持ちようなどは、現代剣道であるいはスポーツで一般に語られているのとは微妙に違うと改めて思い始めた。そして先生からいただいていた資料、手紙を読み返してみた。さらには先生の師匠筋、神道無念流第七代の中山博道、またその師匠筋である神道無念流第六代の根岸信五郎、そして彼らが活躍した有信館道場についてものめりこみ、調べ始めてしまった。

そうするうちに、単に強さの秘訣を探り当てるだけではなくて醒めた眼で、武道学あるいはスポーツ科学の分野の中で有信館剣道を調べてみたくなった。そうしたとき、ご縁があって早稲田大学大学院スポーツ科学研究科修士課程（スポーツ人類学研究室寒川恒夫教授）の門を叩くことになり、学部学生と一緒に大学院入試を受け、幸運にもご指導いただきながら研究できる機会を得ることになった。

早稲田の大学院スポーツ科学研究科には、研究のご指導をいただいたスポーツ人類学の寒川恒夫教授、武道学の志々田文明教授などがおられ、研究テーマを深めるには十分すぎる環境であった。拙著は、修士論文『有信館剣道（神道無念流）の歴史と文化』をベースにまとめたものであり、題名『有信館剣道（神道無念流）の歴史と文化』も、修士論文の主題に寒川教授よりご教示いただいたものをそのまま使用させていただいている。内容は、有信館剣道の身心技法の特徴を関係者の言説より探り出してきて、自分なりに理解して系統的にまとめたものである。探り出している過程で、その特徴をあらまし理解はできたものの、その技法なり心法をそのまま体現できるかといえばそう簡単でないことも改めて実感した。さらに、有信館剣道の強さや中倉清範士が高齢になってもいかんなく発揮していた強さは、有信館の剣豪たちの天才的な才能や荒行の積み重ねによるものだけではないということも、この研究の過程で垣間見えてきた。

現代剣道は、勝ち負けを意識し過ぎるあまり力とスピードに傾斜し過ぎていると世に言われている。筋力の衰えを隠せないシニア世代や力に頼れない女性の剣士が増えてきているおり、有信館剣道は参考になることも多いと確信するに至った。また、昨今、単に身体の器の強化や技能向上だけではなく、スポーツや体育活動を通じて人間として豊かに生きていくための本質的な諸能力の向上をめざす生涯体育、生涯スポーツが求められてきている。戦前の有信館剣道の文化にはそれらのルーツがあったと考えるようになった。こうした点も含めて参考にしていただけたら幸いである。

私自身のことを申し上げると、有信館剣道の研究を通じて触れ、得られたことを糧に剣道修行にさらに精進し、豊かなシニア生活を送っていけるようにしていきたいと思っている。

有信館剣道は、学術的にはまだ本格的に取り上げられていない状況と理解している。筆者の理解不足や研究不足のため拙著の内容には不十分な点が多々あるとは承知している。そうしたご叱責、ご批判は喜んでお受けしつつ、拙著により有信館剣道が学術分野においても本格的に取り上げられる状況になることを切に願って止まない。また、拙著を契機に、有信館剣道への関心が高まり、理解され、普及していくようになれば嬉しい限りである。

なお、拙著には、中倉先生との思い出話などをこぼれ話として挿入させていただいた。併せてお読みいただければ幸いである。

目次

発刊にあたって …… 1
第Ⅰ章　序論 …… 2
第1節　本研究テーマの動機 …… 2
(1) 有信館剣道（神道無念流）（以下有信館剣道）に触れる …… 2
(2) 有信館剣道の異色性と多様性 …… 5
こぼれ話❶「剣道と再会」 …… 9
第2節　本研究の目的 …… 10
(1) 有信館剣道の主な特徴（技と心）を顕在化すること …… 10
(2) 生涯スポーツへのヒント …… 10
こぼれ話❷「東京商科大剣道部師範」 …… 11
第3節　本論で取り扱う主要人物 …… 13
(1) 根岸信五郎（神道無念流六代）1844（弘化元）年–1913（大正2）年 …… 13
(2) 中山博道（神道無念流七代）1872（明治5）年–1958（昭和33）年 …… 14
(3) 中倉清1910（明治43）年–2000（平成12）年 …… 15

(4) 羽賀準一 1908(明治41)年―1966(昭和41)年 …… 15
(5) 中島五郎蔵 1908(明治41)年―1993(平成5)年 …… 16
こぼれ話❸「強さの秘訣は?」 …… 19
第4節 研究手法 …… 21
(1) 中山博道関連 …… 21
(2) 中倉清関連 …… 25
(3) 羽賀準一関連 …… 26
こぼれ話❹「生活に根差した剣道を」 …… 28
第Ⅱ章 有信館剣道の歴史(剣道史における有信館剣道の位置づけ) …… 29
第1節 剣道史概略 …… 30
こぼれ話❺「ヨーロッパの剣道」 …… 34
第2節 明治から現代に至る剣道史で活躍する有信館の剣豪たち …… 35
(1) 中山博道 …… 35
(2) 中倉清 …… 36
(3) 羽賀準一 …… 37
(4) 有信館三羽烏(中倉清、羽賀準一、中島五郎蔵) …… 39

こぼれ話❻「日常生活が大切」……41
第3節　神道無念流の推移……42
(1) 幕末の神道無念流……42
(2) 大正期・昭和初期の神道無念流……47
(3) 戦後剣道における神道無念流・有信館剣道……49
こぼれ話❼「聞き流す」……53
第Ⅲ章　有信館剣道の文化（身心技法）……55
第1節　「相手を攻める技」を理解するための参考分類項目……56
(1) 富木謙治『武道論』の「剣道原理」より……57
(2) 中野八十二著『剣道上達の秘訣』の「相手を攻める」より……57
(3) 有信館剣道の「相手を攻める技」を理解するための分類項目……58
こぼれ話❽「乾いていた剣道着」……59
第2節　中山博道の具体的な竹刀さばき（昭和天覧試合　昭和9年より）……60
こぼれ話❾「みみずばれ」……62
第3節　有信館剣道の「相手を攻める技」の具体的な特徴……63
(1) 構えの方向＝剣先の攻防……63

（2）足さばき …… 69
（3）呼吸 …… 103
（4）虚実＝強弱 …… 109
（5）その他（打突における握り） …… 117
こぼれ話⑩「氣」 …… 119
第4節「相手を攻める技」における有信館剣道と現代剣道の技の比較 …… 120
こぼれ話⑪「満開の桜」 …… 121
第5節　現代剣道の技術的変化 …… 122
（1）現代剣道に対するさまざまな技術的コメント（史料より） …… 122
こぼれ話⑫「竹刀」 …… 126
第6節　有信館剣道の稽古 …… 127
（1）技（業）と心（理）の関係 …… 127
（2）稽古観 …… 133
（3）修行観 …… 137
（4）有信館道場と他流道場の道場訓の比較 …… 144
こぼれ話⑬「鬼の中倉清」 …… 149

第Ⅳ章　有信館剣道の文化（社会性） …… 151
第1節　自分の周り（他者）への広がり …… 152
（1）他者を尊重 …… 152
（2）殺傷の武術から武道への転換 …… 155
こぼれ話⓮「中倉清書きとめノート」 …… 157
第2節　社会への広がり …… 159
（1）社会との接点 …… 159
（2）スポーツと剣道 …… 170
こぼれ話⓯「本間七郎先生」 …… 185
第Ⅴ章　結論 …… 187
第1節　有信館剣道（神道無念流）の歴史 …… 188
こぼれ話⓰「湯野正憲先生」 …… 190
第2節　有信館剣道の文化（身心技法） …… 192
（1）間合い（呼吸、構えの方向、虚実＝強弱）の特徴 …… 192
（2）足さばきの特徴 …… 192
（3）稽古の特徴 …… 193

こぼれ話⑰「思斉会」……194
第3節　有信館剣道の文化（社会性）……196
(1)　自分の周り（他者）への広がり……196
(2)　社会への広がり……196
こぼれ話⑱「東京麻生　天真寺」……197
第4節　総論……199
あとがき……201
著者略歴……204
主な参考文献リスト……205
写真リスト……216
年表　根岸信五郎、中山博道、中倉清、羽賀準一、中島五郎蔵……217

第I章　序論

第1節　本研究テーマの動機

(1)　有信館剣道（神道無念流）（以下有信館剣道）に触れる

本研究のテーマである有信館剣道のあらましとそれに触れるきっかけは左記の通り。

1　有信館道場

まず、有信館道場について左記紹介したい。

「有信館道場は、もともと根岸信五郎が創建したもので、明治20年ころ神田錦町に建てられた。（『教育持論』第298号、明治26年7月25日）明治40年代に入り、根岸信五郎の持病悪化とともに一時廃れてしまったが、中山博道の尽力により明治42（1909）年5月、本郷真砂町に道場は再建され、根岸信五郎もそこに引き取られた。中山博道の有信館は、高野佐三郎の明信館と双璧をなす道場で、ここから多くの警察関係の師範を生み出している」

1　中村民雄（1994）『剣道事典』島津書房　p330

また、次のような紹介もある。

「根岸信五郎は、幕末に江戸三大道場の一つに数えられた練兵館の斉藤弥九郎から神道無念流を授けられた。有信館の稽古は、左右切り返し、開き足などの独特な動きで知られ、突き、横面、足搦、投げ、組み討ちなどの技を用いる荒稽古で知られた。昭和に入り、有信館三羽烏と称される中倉清、羽賀準一、中島五郎蔵の剣豪などを輩出した」[2]

ちなみに近年、有信館道場がときおり剣道関係雑誌に取り上げられることもあるが、下記紹介記事の写真を紹介したい。場所は、東京・水道橋付近春日交差点。

写真１　有信館跡真砂坂下　『剣道時代』（2015 年 12 月号）

2　堂本昭彦（1993）『中山博道有信館』スキージャーナル社（剣道日本）より抜粋要約した。

2　中倉清

次に、有信館剣道の息吹を感じさせ、本研究に取り組むきっかけとなった有信館剣道の主要剣士の一人、中倉清の剣の実力ぶりを記述する記事を左記の通り紹介したい。

「有信館から戦前輩出された剣豪のひとり、昭和の武蔵と異名された中倉清範士九段は、戦前から戦後にかけても抜群の強さと実績を誇った。戦前の主要大会で優勝、公式戦で69連勝するなど角聖双葉山の69連勝と比較されるほど勝ち続けた。戦後は、全日本東西対抗試合大会で9回出場で不敗。中でも第3回大会の東軍大将まで9人抜き、第4回大会で同様東軍大将まで4人抜きなどが有名。そして戦後、剣道が競技スポーツとして流れを加速している中で70ー80代の高齢になっても、全日本選手権優勝者クラスを圧倒しつづけた」[3]

ちなみに、筆者は、個人的にも、学生時代から直接指導を受けたこともあり、その実力と強さを体感、実感している。

3　堂本昭彦（1979）『鬼伝中倉清烈剣譜』スキージャーナル社（剣道日本）より要旨抜粋。

（2）有信館剣道の異色性と多様性

戦前の中山博道の有信館に学んだ中倉清、羽賀準一、中島五郎蔵は有信館三羽烏といわれ、剣道界の稽古・試合のなかで際立って強いという評価を受けたが、その剣風の特徴が一般で行われている剣道界の剣風と異なることから「異色」と評価されることが多い。

1　異色性

戦後、剣道は復活（１９５３（昭和28）年）し、その後競技スポーツとして発展するも近年力とスピードが主体の技に変化してきて、かつ画一的になってきているといわれている。そうした中でも、有信館剣道の独特の剣風と異色性は伝えられており、代表的な例として左記のような３者のコメントが聞かれる。（２０１７にインタビュー実施）

「戦後、剣道界では有信館剣道は異色といわれ、独特の剣風と強さを誇るも、戦後剣道の流れの中で亜流となり消えつつあるといわれている。いま、有信館剣道をふり返るべきでは」

田原弘徳氏[4]（２０１７・７・22）三井住友海上百練館道場にて

4　田原弘徳、元警視庁副主席師範　剣道範士八段　東京都剣道連盟審議員

「有信館剣道とりわけ館主の中山博道その弟子、三羽烏といわれた中倉清、羽賀準一、中島五郎蔵といった剣道家は、剣道家というより武術家・武芸者といった色合いを感じさせるところがあり、戦後の剣道界の中では異色さが際立っている」

甲野善紀氏[5]（2017・4・9）一橋大学有備館道場にて

「中倉先生は、先、先と攻めてきた。ともかく強かった。羽賀先生も強かった、攻められて一瞬眼を閉じた瞬間に小手、面、胴と打ち込まれた。お二人とも個性豊かな剣道で現代の剣道とは明らかに違っている」

永松陟氏[6]（2017・4・2）東京武道館にて

このように、武術・剣道専門家が唱える「異色」なる剣道の特徴を可能なかぎり探ってみたい。

5　甲野善紀、古武術・身体活用研究家

6　永松陟、元警視庁師範　剣道範士八段　東京都剣道連盟顧問

２　多様性

また、小冊子（伊藤元明）『医剣宗一途』では[7]詩人金子みすずの言葉を引用して、最近の剣道の傾向を次のように語り、剣道の多様性を求める声もある。有信館剣道の異色性を探るのが多様性を求めることにもつながるものとして、左記、同小冊子の一部を少し長くなるが引用したい。

「戦後、剣道が禁止され、復活へとたどった昭和20年代。剣道が大好きだった私は、**昭和28年ごろ、大学受験勉強の合間に高段者の剣道大会を観戦し、観覧席から手に汗をにぎったものでした。古流の理法を現代的な展開によって再現する熾烈な試合に胸を熱くさせました。**

音楽の古典派でいえば、バッハ、モーツアルト、ベートーヴェン、ロマン派のシューベルト、ショパン、ブラームスなどが創造した作品を再現する音色の素晴らしさ。それらに陶酔していた私であったように思います。**音による作品の再現を再現芸術とい**

7　伊藤元明、元東京都剣道連盟会長　医学博士（２００９（平成21）年）『医剣宗一途（いけんしゅういちず）』東京理医学研究所　ｐ58

うそうですが、昔の道場に立つ剣士は、永年の修行によって培われたものを再現する創造力にすぐれ、あるがままに対戦しつつ、みんなちがってみんないい、実に個性的な風格のある剣道でした。時は流れ、最近は菊人形のように形が整った試合が多く、観る人を感動させる個性ある剣道がめっきり減りました。

窮屈な、画一的な技法へのこだわりを超えて、古流の流派が後世に残した剣道の理合い、すなわち剣の法則にかなった煌めく個性の剣道の実現こそ、「みんなちがって、みんないい」のではないでしょうか」

右記で語られている「古流の理法を現代的な展開によって再現する熾烈な試合に胸を熱くさせられた」、更には「古流の流派が後世に残した剣道の理合い、すなわち剣の法則にかなった煌めく個性の剣道」の一つが、有信館剣道であったと思う。

このように、前述の窮屈なかつ画一的になってきたといわれている現代剣道と比較する上で、有信館剣道の特徴を史資料などから少しでも浮き上がらせたいと思ったのが動機である。

こぼれ話❶　「剣道と再会」

学生時代せっかく中倉先生とご縁をいただいたのに、卒業後総合商社に就職してからはあまり身を入れた稽古はしていなかった。26歳で海外駐在員になったこともあり、30歳で帰国した後も、剣道からは遠ざかった状態が続いていた。さすがに、体重が増えてきて健康にもよくないと思い始め、剣道具を新たに購入し道場に置かせてもらったが、稽古日にはいろいろ理由をつけ道場には足を向けなかった。そんな状態だったので道場に置いていた剣道具も端に追いやられ、散逸した状態となってしまい、さらにやる気は失せていき、稽古をしない罪悪感に苛まれながら悶々と日々を送っていた。

そのようなある日、稽古日にもかかわらず、また理由をつくって帰宅しようとして何気なく書店に立ち寄った。すると、そのころ発刊され普及し始めていた月刊の剣道雑誌が目に留まった。その表紙の一面に掲載された中倉先生のお顔写真が目に飛び込んで来た。じっと睨まれているような気持ちになり、凍り付いたのをよく覚えている。「これはまずい」と帰宅するつもりだった足を道場に向けて小走りに走った。道場に入り用具室にいくと、なんと散逸していたはずの剣道具がきちんとまとめられて置いてあった。さながら主を待っているかのようだった。それが剣道との再会であり、そこからが再出発だった。

第2節　本研究の目的

(1)　有信館剣道の主な特徴（技と心）を顕在化すること

本研究では、有信館剣道が異色といわれその存在の影が薄れていく中で、その技（業）と心（理）の主たる特徴について史資料などから明らかにしたい。なお、本論は、有信館剣道のわざ（業）と心（理）即ち技法と心法の解説書ではない。あくまでもその主たる特徴、違いを史資料、当事者および周辺関係者の言説かつ周辺関係者からのインタビューから浮かび上がらせたい。これにより、とりわけ現代の剣道との違いを少しでも明らかにし、違いを見比べる素材としての意義を持つことも期待したい。

(2)　生涯スポーツへのヒント

競技スポーツとして復活してきた戦後剣道は、力とスピードに頼るところが多くなり画一的になってきているともいわれている。有信館剣道の特徴を見ていく過程で、力とスピードに頼れない、とりわけシニア世代が剣道修行を続けていくうえで、であるいは生涯スポーツが力説されているおり、なにかヒントが垣間見えてくることも期待したい。

こぼれ話❷「東京商科大剣道部師範」

中倉先生が一橋大学剣道部師範だったことはよく知られているが、戦前の東京商科大学（現一橋大学）剣道部師範だったことはあまり知られていない。先生は、１９３４（昭和９）年に、弱冠24歳で商大の剣道師範になられたのである。当時の卒業生会報である『如水会々報』（１９３５（昭和10）年１月号）には、植芝師範（当時中倉先生は合気道創設者植芝盛平の養子となっていたため植芝姓）が「意気と熱意と誠意で以って光輝ある一橋剣道部の師範を務めたい」と語っておられる。

１９９２（平成４）年３月に、中倉先生と戦前の商大剣道部員たちとの懇談会を私が企画し、東京・竹橋の如水会館で行った。先生と先輩方およそ20名が参加された。懇談の録画は、すでに鬼籍に入られた方々の貴重な記録なので大学剣道部で保管していただいている。参加された先輩方は、庭野正之助元日本鉱業会長、星野一雄元三菱化成常務、田中林蔵元三菱商事常務、土橋久男元ニチメン常務などで、中倉先生とは歳の差があまりないこともあり、さながら同期会のような雰囲気だった。中倉先生のお嬢様と、先生と剣を交えた先輩のご子息が結婚されたということも話題に上っていた。

庭野先輩より、中倉先生が商大師範に着任されたときの経緯の紹介があった。中倉先生の前任の市毛正平師範（戦前の名横綱常陸山の兄弟、明治の剣豪内藤高治の甥、弟五郎氏が商大生であったこともあり、師範を務めていたもよう）が警視庁師範として転出するということで、後任が必要になった。市毛正平師範が中山博道の有信館とも縁があったようで、館主中山博道が、若き剣豪中倉清に白羽の矢を立てたとのことである。

学生たちは若い師範を一度首実検しなくてはと先生の稽古風景を見に行った。学生たちが見た中倉先生は、稽古に全身全霊をかけていた時期でもあり、頬はげっそり痩せ落ちていて、さながら病人のようだった。学生たちは「そんな痩せぎすの師範で大丈夫か」と心配して稽古をお願いしようということになった。学生たちの見誤りであったことはすぐにわかった。かかっていく学生たちはアッという間にねじ伏せられた。

中倉先生からは、戦後諸般厳しい状況が続く中で、一緒に剣を交えた先輩方とはいろいろな面で支えあってきたとのお話があった。戦前の大学のクラブ部活動には、意外なほど自由闊達な雰囲気があったのだと思った。

第3節　本論で取り扱う主要人物

本論で取り扱う有信館主要関係者5人（根岸信五郎、中山博道、中倉清、羽賀準一、中島五郎蔵）について、最初に概略を左記紹介したい。

（1）根岸信五郎（神道無念流六代）[8]　1844（弘化元）年－1913（大正2）年

幕末から明治の剣豪。長岡藩士。戊辰戦争では官軍と戦う（北越戦争）。有信館設立。慶応義塾剣術部師範。大日本武徳会範士。剣理に明るく、大日本帝国剣道形制定時の主査。士族ゆえ文筆が立ち、嘉納治五郎にこわれて、東京高等師範初期の剣道理論の講師を[9]

8　（出典）　日本古武道協会 official site（神道無念流剣術）　HP　http://www.nihonkobudoukyoukai.org より

9　中村民雄（1981）武道学研究13－2、（近代武道教授法の確立過程に関する研究）p106
理論は根岸信五郎が担当、実技は高野佐三郎が担当。

務める。『撃剣指南』[10]『剣道講話録』[11]などを著す。

(2) 中山博道（神道無念流七代）[12] 1872（明治5）年－1958（昭和33）年

有信館入門[13]（1891（明治24）年）、のちに有信館道場を根岸信五郎先生より継承、本郷真砂坂に有信館を設立（1909（明治42）年）。大日本武徳会剣道範士、居合道範士、杖道範

10　根岸信五郎（1884（明治17）年）『撃剣指南』

11　中村民雄（1981）武道学研究14-1、p11（近代武道教授法の確立過程に関する研究（三）によると）『剣道講話録』は、根岸信五郎が講義した内容を中山博道が編纂（1942）

12　（出典）日本古武道協会 official site（神道無念流剣術）HP http://www.nihonkobudoukyoukai.org より

13　中山博道がどのようにいつ上京してきたかというのは不明な点が多いが『実業の日本』（1935年7月号）同誌では、実業界の多くの社長、軍人などの有名人に、〝初めて上京したとき〟と題して、〝1．私が初めて上京したときとその年齢　2．そのとき私は何をしていたか〟との質問を出して、その答えを掲載している。山下汽船社長、海軍中将など、当時のそうそうたる有名人の中に、剣道家としては中山博道だけが次のように取り上げられていた。「大日本武徳会範士　中山博道・明治23年10月兄の家に世話に相成、翌年3月先師根岸信五郎先生に御世話成其の後引き続き今日の事。国元に両親及び兄の世話となり居候。」との記述がありひとつの説として貴重な資料ゆえ、有信館入門を1891（明治24）年とした。

士、この三道の段位称号選考委員長。40－50流を極めて「最後の武芸者」ともいわれる。戦前東大、慶応大、明治大剣道部等で師範を歴任。

（3）　中倉清　1910（明治43）年－2000（平成12）年

合気道創始者、植芝盛平の婿養子となり合気道も修行、剣道範士九段、居合道範士九段鹿児島県警師範、関東管区警察学校教授。戦前の東京商大、戦後一橋大剣道部師範、中央大剣道部師範。防衛医大師範。昭和の武蔵と異名される。次に紹介する門弟羽賀準一、中島五郎蔵とともに、有信館三羽烏として有名。

（4）　羽賀準一　1908（明治41）年－1966（昭和41）年

有信館3羽烏の一人。京城帝大予科師範。巨人軍の王貞治に日本刀の使い方を教えてホームラン量産の糸口を作ったといわれている。[14]

14　ボールを打つのではない王貞治（1999）『月刊武道』（日本武道館編）同書で、王貞治は語る「居合は剣道の羽賀準一先生に習いました。形より、刀を振ることを教えてもらったんです。刀を振ることとバットを振ることは同じだという。」

（5） 中島五郎蔵 1908（明治41）年—1993（平成5）年

剣道範士九段、居合道範士九段　警視庁副主席師範

剣道雑誌『剣道時代』[15]（2016年5月号）では左記（写真3）のように、有信館剣道の三羽烏（中倉清、羽賀準一、中島五郎蔵）について伝えており、また、最近出版された近藤典彦『最後の剣聖　羽賀準一』[16]にもあるように少しではあるが有信館剣道が今見直されてきている。

本論文主要取扱人物は左記写真2の通り。

15　中倉清先生、羽賀準一先生、中島五郎蔵先生の思い出（2016）『剣道時代』体育とスポーツ出版社　p84—85

16　近藤典彦（2015）『最後の剣聖　羽賀準一』同時代社

②

①

⑤

④

③

写真２　有信館主要取扱人物
①中山博道　（小説中山博道 2011 年 9 月号『剣道時代』p139）
②根岸信五郎（小説中山博道 2011 年 9 月号『剣道時代』p143）
③羽賀準一　（堂本昭彦『羽賀準一遺稿集』）
④中島五郎蔵（中島五郎蔵 2015 年 10 月号『剣道時代』p92）
⑤中倉清　　（生涯現役 1993 年 10 月 23 日『読売新聞』朝刊より）

剣談剣話
田原弘徳の面を取ってもとまらない
第21話
中倉清先生・羽賀準一先生・中島五郎蔵先生の思い出
中倉清先生に学ぶ「優しさ」
あえて厳しい稽古相手を求める
「羽賀は強かった」の意味
気は遣うものではなく働かせるもの

写真３　有信館三羽烏『剣道時代』（2016 年５月）

有信館三羽烏といわれた中倉清、羽賀準一、中島五郎蔵について上記のように取り上げられている。

こぼれ話❸「強さの秘訣は？」

私が勤務していた住友商事の社内報『住商コミュニティ』（1996（平成8）年4月号）の記事「社員との座談会」に中倉先生にご登場いただいたことがある。司会者が先生に「剣道の強さの秘訣は何ですか」と聞いた。先生は即座に「明るく楽しい稽古をすること」とお答えになった。そして、「会社も同じで、明るく楽しい職場になれば会社も強くなるのでは」とおっしゃった。その一例として、ある会社の社長に「会社を明るくするためにはどうしたらよいか」と尋ねられたので、先生が「社長自ら進んで挨拶することです」と答えた。その社長が早速取り入れたところ、社内が明るく元気になり、立派な業績を出すようになったということも話してくださった。

その後、私も住友商事において職場や任されたいくつかの事業会社の社長として、先生のこの訓えを守り、自ら進んで挨拶して職務に励み、自分の職場を明るく、強くしたと秘かに自負している。その挨拶について、中倉先生より具体的に教えていただいたことがある。それを一橋大学卒業生の会報『如水会々報』（2011（平成23）年4月号）に「剣豪中倉清の訓え」として寄稿した。このあとに掲載させていただくのでお読みいただければ幸いである。

寄稿「剣豪中倉清の訓え」『如水会々報』（２０１１年４月号）

剣豪・中倉清の訓え

内《ない》藤《とう》常《つね》男《お》（47社）

昭和の剣豪で範士九段、中倉清先生の生誕百年祭が、昨年八月に国立の有備館および如水会館で、一橋剣友会（浅野直道会長・40商、元キリンビール副社長）を中心に関係団体が主催し、剣友会竹下達夫幹事長（44商、パイオニアハイブレッドジャパン㈱社長）の切り盛りで盛大に行われた。

中倉先生は、二四歳の若さにして東京商大時代の昭和九年に剣道部の師範に就任、終戦にともない一時故郷鹿児島に戻られ鹿児島県警師範となられたが、昭和四六年からまた剣道部師範をされ、平成一二年に没するまで学生の指導にあたられた。かくも長きに亘り一橋の学生の指導をされ、一橋とは大変縁の深い剣豪であった。

中倉清といえば、戦前は双葉山の六九連勝と比較される無敵を誇り、戦後も各種試合で華々しく活躍、昭和の剣豪と誰もが認める。老いても全日本級の剣士を相手に一歩もひけをとらぬ稽古で有名で、八九歳で他界する一年前まで、生涯現役で活躍された剣豪であった。幕末の遺風を残す昭和の剣豪がどのように学生を指導していたか、その一端をご紹介したい。

私は一橋卒業後、剣道の稽古にはあまり身をいれていなかった。剣道から離れて生活する罪悪感がいつも渦巻き、自分が卑小になっていく思いに悶々としていた。会社生活でも思い悩むことがあった三〇代前半、書店で剣道雑誌の表紙に中倉先生のお姿を発見した。表紙の先生を見つめたその瞬間、いきづまる思いが走り、「そうだ、やはりまた稽古しよう」と決心、よしもう一度とその場から道場に直行した。なんと、見当たらなくなっていた自分の剣道具が主を待つように出てきたではないか。この時のことは鮮明に記憶している。

その後、私の休みの時に、先生がご指導に行かれるのについて行く生活が始まった。剣道界の大スター、昭和の武蔵の稽古について行くのだから大変な覚悟もいる。地元警察の猛者、バリバリの遣い手が「先生に一手でもお願いしたい」と長蛇の行列をなし、ついでに、「大先生にお伴してきた弟子にも」と来るのだから気の休まることはない。

そんな生活を続けて二年くらい経った頃、先生が「そんなに剣道が強くなりたいのか」とお尋ねになられた。勿論ですと答えたところ、先生は「会社で会議等で不愉快なことがあっても、終わる時は上司に自分からきちんと挨拶をして退席しなさい。また周りの人達にもいつも自分から挨拶をしなさい。朝に夕に、毎日だ。そして家では奥さんやお子さんたちといつもよいコミュニケーションをとりなさい。それを毎日続けるのだ。そうしたら剣道は強くなる」といわれた。

「なんだ、そんな簡単なことか」と思いきや、生身の人間、これを会社や家庭で毎日続けるとなると至難の業である。力をぬいて、肩を張らずに、周囲にいつでも挨拶ができる日常生活を送れ、これが先生のいわれる平常心であり、自然体なのである。たくさんの弟子をご覧になってきた先生には、会社生活の傍ら、しゃにむに稽古についてくる私をみていて、何か看破されていたのだと思う。ある時、友人から「内藤君は会社で課長になったか、部長になったかと、先生が大変心配されていた」と聞き、先生から正面よりガンと面を打たれた思いがした。これがいわゆる師匠の弟子に対する思いだと、その時改めて実感した。

その後、剣道修行にも会社生活にも、先生より頂いたお気持ちを大事にしながら、かつ先生がいわれようとした自然体、平常心で臨んできた。諸先輩のご指導も頂き七段を拝受し、楽しいワークライフバランスの日々を送らせてもらっている。任された会社の経営方針第一条に個人の尊重をあげ、行動方針第一番目には挨拶励行を掲げている。ご指導頂いたことは、益々深まることこそあれ、忘れることはない。

（千葉共同サイロ㈱ 代表取締役社長、元住友商事執行役員）

第4節　研究手法

史資料入手のための主なフィールドワークとして左記の通り実施した。

(1)　中山博道関連

1　諏訪尚武館

諏訪尚武館（左記写真4参照）から、資料『中山博道先生口述剣道虎の巻』[17]（以下中山博道虎の巻と称する）の提供を受ける。諏訪尚武館は、1925（大正14）年に諏訪の土橋由衛氏が、中山博道と縁を持ちその勧めで剣道場を設立したもの。初代師範は中山博道。初代館主土橋氏のご子息、久雄氏（1947（昭和22）年一橋大剣道部卒元ニチメン常務）が2代目館主、3代目が甥御の道治氏（1946（昭和21）年一橋大剣道部卒元スワプラザ開発（株）社長）。

17　諏訪尚武館五十年史刊行会『諏訪尚武館五十年史』に収められている。中山博道が戦後眼の治療で長野県飯山にある眼科医平田医師（中山博道門下生）のところに長期間逗留していたときに中山博道の口述を平田医師が書き取ったもの。諏訪尚武館が平田医師に了解を取り同館五十年史に記載した。

土橋両先輩とのご縁で、諏訪尚武館をインタビューのために訪問（2015年6月）、そのおり、諏訪尚武館五十年史刊行会『諏訪尚武館五十年史』[18]非売品（1974）を入手（以下諏訪尚武館五十年史と称する）その中に中山博道の指導、口述記録が（中山博道剣道虎の巻）としてのこっていたことを発見。中山博道の数少ない指導記録としては貴重な資料である。近江誠一副館長（日本歯科医師剣道連盟会長）より右記の『中山博道剣道虎の巻』を研究資料として活用、発表してよいとの許可を得た。なお、諏訪尚武館少年剣道の切り返しには、中山博道・有信館剣道の左右切り返しが今も残っている。上記写真4は雑誌[19]に掲載された諏訪尚武館である。

また、三重県桑名市在住、産婦人科

今月の表紙

ずっと残したい道場㉙

諏訪尚武館

中山博道の勧めで建てた大正の町道場

高島藩の城下町である諏訪市は平成の大合併が成立しなかったため、人口は5万を超える程度で、街のサイズが昭和のままだ。中心部の街並みには懐かしさを覚える。その一角といえる場所にある諏訪尚武館が昔のまま残っているのも、当たり前のように思えてくる。

土橋由衛初代館長が尚武館を建てたきっかけは、中山博道の言葉だった。

明治24年生まれで旧制諏訪中学校撃剣部に入部した土橋は、男谷派一刀流大熊一八が開いた尚武館に通い免許皆伝となる。卒業後家業である鍛冶、油の卸商に従事しながら剣道を続け、高齢の大熊に代わって後進に稽古をつけるようになる。明治44年、中山がこの道場を訪れ、土橋は中山の居合を見て衝撃を受けた。

大正8年に大熊が逝去、道場は人手に渡っており稽古を続ける場所がなくなった。それからしばらく経って、第一高等学校剣道部を率いて諏訪中学校に強化合宿に来た中山と土橋は再会する。そのとき中山は「日本第一軍神の諏訪に剣道の道場がないのは誠に残念である。私がどこまでも応援するから、道場を建てなさい」と言った。30代前半だった土橋は、自家の田畑だった現在地に自費で道場を建てることを決心した。

大正14年1月に設計が始まり7月には竣工。7月26日の道場開き大会には中山が2日前からかけつけ、土橋と諏訪中学師範の豊田才による大日本帝国剣道形、中山博道の居合術、来賓の試合数十番が披露された。道場名は大熊から引き継ぎ、中山の推薦で、以前第一高等学校の師範をしていた豊田を尚武館の師範に迎える。

待ちこがれた道場ができて多くの人が入門した。中山は名誉顧問として、たびたび尚武館を訪れる。初代館長以下、中山から直接居合を教わった門人も多い。中山の門弟である大村唯次、同じく中倉清らもこの道場を訪れ指導した。現在、少年剣道の稽古は週1回日曜の朝に行なわれる（木曜夜には市の武道館で稽古）。木曜と火曜の夜に大人の稽古、火曜、木曜、土曜に居合の稽古がある。居合と剣道は開館以来現在まで道場の両輪だ。

終戦後は道場をバレーボール、ボクシング、日本舞踊、あるいはキリスト教の集会などに貸していた時期もあったという。昭和21年6月には進駐軍を招待し、道場で剣道の実演を見せた上で、剣道再開の許可を受けている。とはいえ、何年間かは稽古に来る人は少なかったようだ。また、この時期、「尚武」という名前が平和な時代にふさわしくないということで「洗心館道場」と名前を変えた。そのときの名札がまだ残っている。しかしいつの間にか尚武館に戻ったという。

今年で開館からちょうど90年。過去に「諏訪尚武館五十年史」「諏訪尚武館八十年史」という立派な本が刊行されており、この記事も多くを両書に拠った。

初代館長はバイオリンを嗜むなど多芸多才で、酒の席での余興も達者な人物だったという。

「いろいろ楽しかったですよ。本業・仕事ではつらいこともあるでしょうが、それ以外の楽しい道として剣道をすえてい

大正14年の7月26日の開館式記念写真。（この大きさでは見えにくいが）中央やや右に中山博道の顔がある

写真4　諏訪尚武館『剣道日本』（2015年8月号）

18 （1974）『諏訪尚武館五十年史』（非売品）諏訪尚武館五十年史刊行会

19 諏訪尚武館（2015）『剣道日本』スキージャーナル社 p4-5

医、中山尚夫氏（76歳、2016年現在剣道七段弓道五段　元全日本剣道連盟医科学委員）と、この前述資料『中山博道口述剣道虎の巻』を基にした技の共同研究を定期的に行っている。中山尚夫氏の了解を得て、本論でも同氏の研究結果『中山博道先生口述　剣道虎の巻解説』[20]（以下中山博道虎の巻解説と称する）を一部引用させてもらっている。

2　東京大義塾

東京大義塾（同塾は戦前に北米で剣道[21]を普及した人物として剣道史上著名な中村藤吉が設立）の第3代館長中村藤雄氏（実業家91歳 2016年現在、中村藤吉の次男、長男は中村太郎、戦後第三回、第七回全日本剣道選手権で優勝）のインタビューを実施（2015年10月10日、2016年6月17日）。中山博道より直接指導を受けた方の中で数少ないご生存者の一人、藤雄氏は戦前野間道場で剣道修行、剣道家として嘱望されるも父藤吉氏の意向で長男太郎氏は剣道家、次男藤雄氏は実業家となる。戦後中山博道が一時、身を寄せて

20　中山尚夫（2016）『中山博道先生剣道虎の巻（平田研三先生監修）』（以下『中山博道虎の巻解説』と称する）

21　「北米武道会、剣道教士中村藤吉が北米への剣道普及のため渡米し、各地で講習会を開催するかたわら、連盟の組織化に尽力した。」中村民雄『剣道事典』p325 島津書房

最後の秘伝

文・構成◆早瀬利之

解説◆中村藤雄 教士（大義塾塾長・87歳）

父はアメリカで剣道を広めた中村藤吉。
兄は全日本選手権大会で2度の優勝を誇る中村太郎。
戦前から剣道の大家たちに剣道を学び、
その中で秘伝を教えてくれたのが名人・中山博道だった。
長く会社経営をする中、大義塾塾長として
未来の子供たちに本当の剣道を伝え続ける。
わざの凄さはもちろんだが、歩んできた人生もまた凄い。
中村藤雄氏が語る、最後の秘伝――。

旧制中学時代
毎朝野間道場通い

写真5　中村藤雄　最後の秘伝　『剣道日本』[22]（2012年9月号）

いた大義塾で直接指導を受けた。中山博道の技を再現する中村藤雄氏の録画ビデオを同氏より入手、参考にしている。上記写真は、雑誌に紹介されている中村藤雄氏。

3　神道無念流剣術　中山博道伝承武術保存会関東第5代有信館館長小川武氏[23]

中山博道伝承形（剣術、居合術、杖術）を今に伝える。また、中山博道の長男剣道家である中山善道にも師事し、神道無念流の術理に詳しい。インタビュー（2017年9月4日、

22　最後の秘伝（2012年9月）『剣道日本』スキージャーナル社　p17

23　小川武　中山博道伝承武術保存会関東第5代有信館館長、日本古武道協会理事

28日）を2回実施し、同流の史料（小川武神道無念流剣術著述[24]）を入手した。

(2)　中倉清関連

1　直筆記録

中倉清が直筆で書き残したノート25冊（以下中倉清書きとめノート[25]と称する）を没後15年たった2015年に中倉家で発見した。術理、心法などについて、中倉清が書きとめていたもの。中倉家より研究資料として活用する許可を取得した。本論で一部活用している。

2　『名剣士中倉清範士語録』[26]（以下中倉清語録と称する）は、前述の医師で剣道家である中山尚夫氏が長年にわたり中倉清の身心技法を観察して書き記したもの。同氏の

24　小川武『神道無念流剣術著述』（非売品）
25　『中倉清書きとめノート』（非売品）
26　中山尚夫（1988（昭和63）年）『名剣士中倉清範士語録』、長瀬印刷所（非売品）（以下『中倉清語録』と称する）

了解を得て、本論でも適宜引用させてもらっている。

(3) 羽賀準一関連

1 羽賀準一関係者のインタビュー

羽賀準一が戦前東大剣道部と卒業生を通じていろいろ接点があったこともあり、戦後の一時期（昭和35から39年ころ）東大剣道部を指導していた。それぞれの方々から羽賀準一の技、剣道観、人生観をヒアリング実施。インタビューを実施した東大剣道部卒業生の方々は左記の通りである。

・半田敏久氏（2016年10月1日）（東大剣道部1961年卒元ニチレイ勤務）羽賀準一が東大で指導を始めたときから卒業までの2年間羽賀先生世話掛。
・小杉信太郎氏（2017年9月17日）（東大剣道部1961卒元三菱化学勤務全日本実業団剣道連盟理事長）
・岡本淳氏（2017年1月24日）（東大剣道部1963年卒元新日鉄勤務　元全日本剣道連盟常任理事）在学中の4年間その後も指導を受ける。
・小栗敬太郎氏（2017年6月4日）（東大剣道部1963年卒元朝日新聞常務取締役）
・近藤典彦氏（2017年7月15日）（東大剣道部1964年卒小説家、石川啄木研究で有名）

2　『羽賀準一遺稿』（羽賀忠利著）

右記東大剣道部卒業関係者より羽賀準一の実弟羽賀忠利（剣道範士八段）が整理した『羽賀準一遺稿』[27]（非売品）を入手し、本論で活用させてもらっている。

27　羽賀忠利（–1967）『羽賀準一遺稿』羽賀準一遺稿刊行会（非売品）

こぼれ話④「生活に根差した剣道を」

向かうところ敵なしの中倉先生が勝ち負けについて「勝負を意識しなくてはならないが、優勝するとかいったことは剣道のほんの一部のこと、勝ち負けだけが剣道だったらトーナメント大会の一回戦で半分の選手たちは剣道をやめてしまう」とおっしゃったことがたいへん印象的だった。

昭和40年代、幼少年剣道がブームになったころの先生の書きとめノートにもはっきりと書かれている。「ブームは必ず去る、そのとき剣道が衰退していかないためにも生活に根差した豊かな剣道を目指さなくては」と力説されている。また、全日本実業団剣道選手権大会を観戦して「これだけ大きな大会で、決勝戦では優勝を競う2チームだけが会場に残っていて、あとのチームも観客もほとんど残っていない。こうした勝ち負けだけが目に付く剣道は何か違うのではないか、どうにかならないものか」と嘆いておられたのも心に残った。

第Ⅱ章　有信館剣道の歴史

（剣道史における有信館剣道の位置づけ）

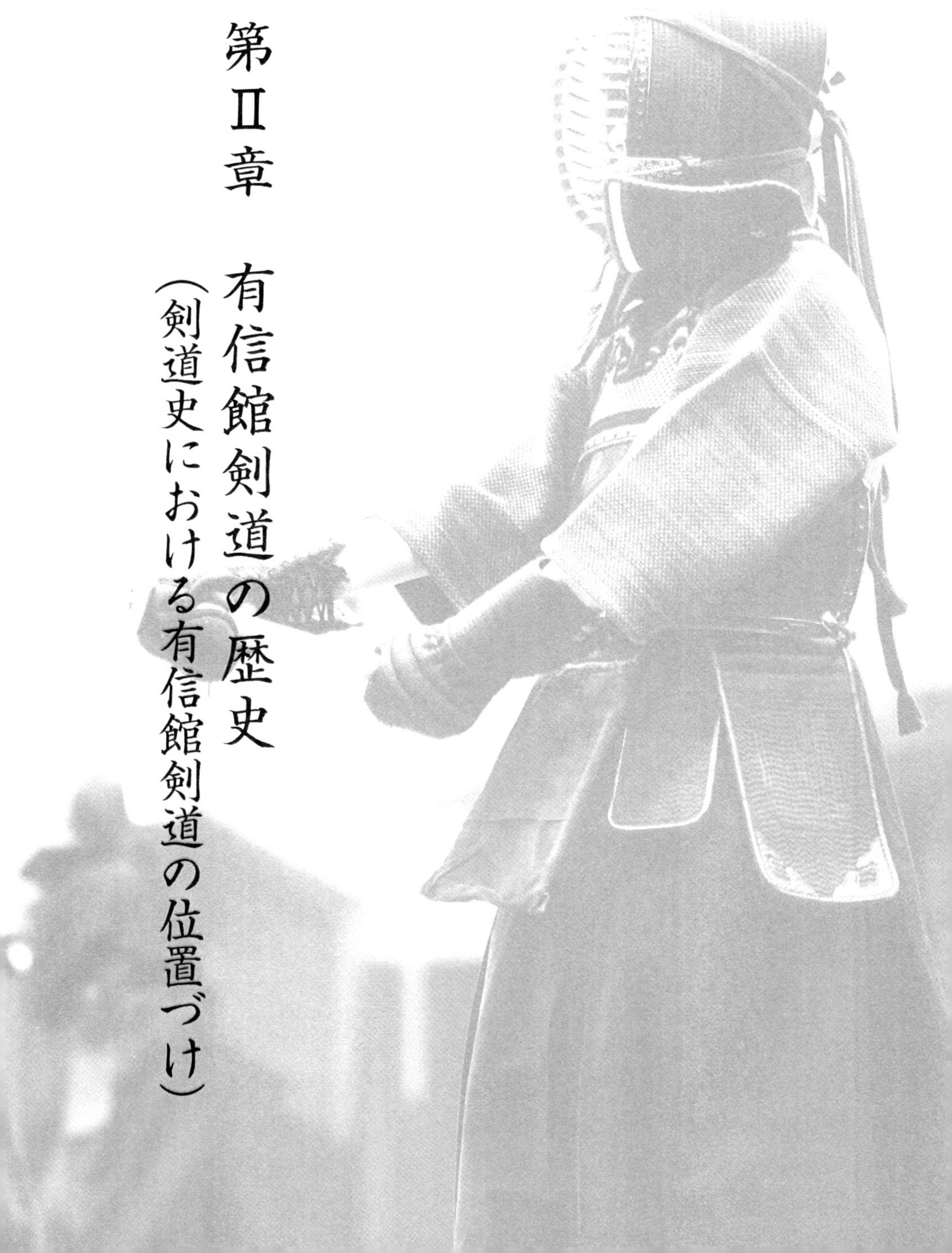

日本の剣道史を戦後まで概観し、とりわけ竹刀剣道が主役になってきた幕末から戦後、現代に至る剣道史の中で有信館剣道の位置づけを見てみたい。

第1節　剣道史概略

(1)実用期	（日本刀出現から16世紀半室町後期まで） ・三種の神器（刀剣）　（平安時代） ・日本刀出現による剣道の技術（相手を殺傷する）の発生　（平安時代） ・刀剣製造技術の飛躍的発展　（鎌倉時代） ・武術流派の出現　（室町、戦国時代） 　中條流　中條長秀 　神道流　飯篠長威斎 　鹿島流　松本備前守 　陰流　愛洲移香斎 　　　　上泉伊勢守信綱
(2)型成立期	（17世紀半ば江戸初期まで） ・塚原卜伝、伊藤一刀斎、柳生宗矩、宮本武蔵
(3)型中心期	（江戸中期まで） ・馬庭念流、願流、ほか

(4)竹刀打ち剣道台頭期

（現代竹刀剣道のルーツスタート）　（江戸中・後期まで）
・直心影流（長沼四郎国郷）小野派一刀流（中西忠蔵）
・神道無念流（戸賀崎熊太郎）

(5)幕末、明治初期の主要流派

600-700流派があったと伝えられている。流派ごとの道場、剣士などは次のとおり。幕末の剣豪の流れが明治以降の学生剣道にも影響を与えており、戦前学生剣道が盛んだったといわれているがその証左でもある。

	道場名	中心剣士	幕末明治初期	明治以降	大学
北辰一刀流	玄武館	千葉周作 千葉定吉	山岡鉄舟 坂本龍馬 千葉栄次郎	高野佐三郎	早大 東京高師
鏡新明智流	士学館	桃井春蔵	武市半平太		
神道無念流	練兵館	齋藤弥九郎 斎藤新太郎 斎藤歓之助	根岸信五郎 桂小五郎	中山博道	東京帝大 慶応義塾
直心影流	講武所	男谷精一郎	勝海舟 榊原鍵吉	山田次朗吉	東京商大

(6)明治の剣道復活

廃刀令などにより一時下火になっていた剣術が榊原健吉の撃剣興行、明治10年の西南の役などにより復活してきた。

1873(明治6)年	撃剣興行(榊原健吉)により剣術復活
1877(明治10)年	藩校武術の継承(結社による剣術の組織化) 警視庁・警察を中心に復活。西南の役以降
	←
1899(明治32)年	大日本武徳会　京都に武徳殿完成
	←
1908(明治41)年	東京高等師範(剣道指導者養成のため高野佐三郎講師就任)
	←
1909(明治42)年	民間道場　有信館(中山博道　本郷真砂坂に建てる)
1909(明治32)年	明信館(高野佐三郎　飯田町に建てる)
1915(大正4)年	修道学院(高野佐三郎　渋沢栄一の援助による)
1911(明治44)年	大日本武徳会、武道教員養成所にかわる武徳学校を創設。
1929(昭和4)年	御大礼記念天覧武道大会開催
1934(昭和9)年	皇太子殿下御誕生奉祝武道大会開催
1940(昭和15)年	紀元2600年奉祝天覧武道大会開催

(7) 戦後の剣道復活

敗戦後、GHQにより剣道が禁止されたが、その後、競技スポーツとして復活。

1946(昭和21)年	GHQ、内務省令による大日本武徳会解散

1952（昭和27）年	全日本剣道連盟結成
1953（昭和28）年	第一回全日本剣道選手権開催

右記表は、左記資料より抜粋した。

山田次朗吉　『日本剣道史』[28]
全日本剣道連盟　『剣道の歴史』[29]
木寺英史　『日本刀を超えて』[30]
高野佐三郎　『剣道』[31]
関東学生剣道連盟　『五十周年周年記念誌』[32]

28　山田次朗吉（1922）『日本剣道史』　水心社
29　（2003）『剣道の歴史』、全日本剣道連盟編　p601－p614
30　木寺英史（2014）『日本刀を超えて』、体育とスポーツ社　p70－p86
31　高野佐三郎（1915）『剣道』　良書普及会　p299－p366
32　関東学生剣道連盟（2002）『五十周年記念誌』

こぼれ話❺「ヨーロッパの剣道」

中倉先生は、全剣連や個人の求めに応じて海外、とりわけヨーロッパに出向かれることが多かったようである。帰国されたときに、ヨーロッパの剣士たちのことをよく話されていた。「外国の剣士たちはすごいよ、剣道に求めているものがしっかりとしている」とおっしゃって、こんな話を聞かせてくださった。「日本の剣道はフェンシングのようになってはいけない。あんな競技の仕組みにしたら心ある愛好家は去っていってしまう」とヨーロッパの剣士が言っていたとの話だった。「ヨーロッパの剣士たちは日本の剣道のよさをよく理解しているね」と感心されていた。

第2節　明治から現代に至る剣道史で活躍する有信館の剣豪たち

竹刀剣道が盛んになっていった明治以降から現代に至る剣道史で活躍した、有信館の中山博道、中倉清、羽賀準一、中島五郎蔵の活躍を資料から紹介したい。

(1)　中山博道

中山博道35歳のときの活躍の様子が当時の雑誌に描写されている。軽快な動きに、横面とまさに有信館剣道がすでに満開状態となっている。『風俗画報』誌３６７号（１９０７（明治40）年7月）は、東京勧業博覧会（１９０７（明治40）年3月20日開場、6月21日までの総入場者数４５２万２５９６人）の開催中、6月15、16日の両日にわたって挙行された「全国剣道大会」の試合評を詳しく掲載している。[33]

「中山対鈴木は、中山が軽快に眼にも留まらず横面に、次いで水際立ちたる胴は満場の喝采を博せり。次いで中山は大久保と対し鋭き打ち込みに面を取り、大久保が竹刀を落

33（２００３）『剣道の歴史』、全日本剣道連盟編　p３２０

せし瞬間、横様に胴を取りたるは白眉といふべし」

(2) 中倉清

中倉清が剣道界で将来のスター的存在になると期待されている記述がある。[34]

「中倉教士対金澤教士

試合は、立ち上がり端の飛び込み胴と、二本目宣告の瞬間、真向正面に飛びこんだ面業、何れも目が醒める様に極まって、文字通り二撃二本で中倉教士は完勝した。先ず模範的の勝ち方といってよかろう、**中倉教士は日本的な存在である。恐らく未来の大家たるべく、折角自重加餐世人の期待に副はれるようにお祈りする**」

また、鹿児島県東串良町に建立されている中倉清記念銅像に記述されている（中倉清先生剣歴）[35]及び前書堂本昭彦中倉清烈剣譜では、戦前、戦後の戦績、活躍について次にように

34　林敏貞　日満武道　大会観戦記（1942年9・10月号）『新武道』国防武道協会　p62-p63

35　中倉清先生剣歴（鹿児島県東串良町に建立された中倉清記念銅像に記述）

語られている。

「昭和の武蔵と異名される。

戦前は相撲の双葉山の69連勝と比較される。戦後は全日本東西対抗剣道大会で第9回まで出場し無敗、第9回の9人勝ち抜きなどの有名。70－80歳代の高齢になっても全日本選手権優勝者クラスの剣士を圧倒し続けた」

(3)　羽賀準一

戦後は、公のところには登場しなかった羽賀準一の稽古ぶりは毎日新聞の次の記事で明らかになる。[36]戦後の剣道界における羽賀準一の立場が見えてくる。

「学生日本一になった法政大剣道部に、著名な剣道家が稽古に訪れるようになった。ある日、背は小さいが頑丈な体つきをした50歳ほどの人物が現れた。名は羽賀準一という。松原輝幸さんらが、かねてから「東京一強い」と聞いていた剣道家で、部員たちは稽古を

36　輝く剣（2000年6月）『毎日新聞』2000年6月4日　地方版・福岡

願おうと羽賀氏の前に行列を作った。白い稽古着に古びた道具を付けた羽賀氏は立ち上がるや、ズ、ズ、ズと歩み足で間合いに入った。「面！」羽賀氏が頭上高く振り上げた極太の竹刀を打ち下ろすと、瞬間、息が止まるほどの衝撃が襲った。思わず手元をあげて防御の姿勢を取ると、左右の胴を一瞬のうちに切り返された。相手の体が左右にガクン、ガクンと揺れた。次の部員は足がらみで引き倒された。別の部員は猛然と体当たりを挑んだが、羽賀氏は岩のように動かず、勢いよくぶつかるほど、こちらが痛いのだった。極め付きは、左片手突きである。一度突くと、竹刀を相手ののど元につけたまま二歩、三歩と進んで羽目板に押し付け、右手で柄じりをトントンとたたく、（まるで昆虫の標本のような……中略……）

羽賀氏は１９０８年に広島県に生まれ、上京して中山博道範士の下で修行を積んだ。戦前の各種大会で優勝を飾り、その実力は当代随一とうたわれたが、容赦ない稽古ぶりは恐れと反感を買った。口も悪い。次第に剣道界から孤立し、戦後に新設された全日本剣道連盟とも距離を置いていた（後略）」

原園は、羽賀準一の粗暴ぶりや、強すぎて相手を寄せ付けなかった剣風を素直に記述している。[37]
「羽賀準一も、強すぎて、あるいは粗暴すぎて、または不遜でありすぎて、中央の剣道界から追放された」

⑷　有信館三羽烏（中倉清、羽賀準一、中島五郎蔵）

この3剣士は、戦前の各種大会で個人、団体戦ともそれぞれ勝ち誇っていたが、とりわけ中倉清、羽賀準一については左記コメントが聞かれる。

堂本昭彦『中山博道有信館』[38]では、持田盛二範士[39]十段、斎村五郎範士[40]十段の左記話を紹介している。

37　原園光憲（1972）、『戦後剣道の復活』、書房高原　p143
38　堂本昭彦（1993）『中山博道有信館』、島津書房　p176
39　持田盛二剣道範士十段（1885（明治18）年〜1974（昭和49）年）
40　斎村五郎剣道範士十段（1887（明治20）年〜1969（昭和44）年）

「幕末の千葉栄次郎、斎藤歓之助にしてもいまの中倉清、羽賀準一以上には打てなかったのでは」

同じ有信館剣道を源流としながら、戦後、スポーツ競技として進化していった剣道で、表舞台で活躍した中倉清と表にはでないながらもその強さを慕われた羽賀準一の剣道の違いは興味あるところ（第Ⅳ章、第Ⅱ節(2)スポーツと剣道で後述する）である。いずれにせよ、中倉清、羽賀準一の有信館剣道は、このように周囲より強さを認められながらも、現代剣道とは遠い存在になってしまった。

こぼれ話⑥「日常生活が大切」

中倉先生が、戦後鹿児島に戻られたことはよく知られている。あるとき「鹿児島で稽古相手はどうされていましたか」と愚問をしたことがある。先生は、「鹿児島にも子供から大人までいくらでも稽古相手はいたよ」と笑って答えてくださり、「鹿児島に戻って意識させられたことがある」ともおっしゃった。それは、日常生活におけるメンタルな面を注意していたということだった。具体的には、挨拶ひとつにしても、人と接するときに平常心でふるまえるように心がけたと淡々と話された。「高校生と稽古をするときにはかなり注意が必要。どこから打ってくるかわからない。よい稽古になった」ともおっしゃっていた。

剣聖中倉清銅像
（鹿児島県東串良町）
筆者撮影

第3節　神道無念流の推移

⑴　幕末の神道無念流

直心影流や一刀流などと違い、神道無念流の後発性が農民層への広がりとなり、そうした背景から技術の実戦性、理より技を重視する傾向があることにもつながっているのではと理解したい。その言説を左記に紹介する。

1　神道無念流の先進性

長尾進・神道無念流『剣道の歴史』[41]（全日本剣道連盟編）では、神道無念流の先進性と技術性を伝えている。

「（神道無念流は）撃剣を修練の中心としながらも、常に「実用にはげみ」」「実用を事とする」（『常陸帯』藤田東湖）ことと、**真剣味を離れないことを第一義とする姿勢が、幕末維**

41　全日本剣道連盟（2003）『剣道の歴史』p260－p263

新期の時代性に合致したこと、同時に、撃剣について先進性と技術性を持ち合わせていたことが、このように神道無念流が多く（幕末期に）受け入れられた要因といえよう」

2　神道無念流の実戦性

榎本鐘司[42]は、次のような理解を神道無念流に対してしてしている。

「寛政のころより関東一円に農民武芸が興隆し、剣術でいえば神道無念流、甲源一刀流、天然理心流、柳剛流などが農村部を背景に新興流派として台頭した。中でも神道無念流は江戸に進出するばかりでなく、在郷商人化して江戸などへの往来も活発となる各地の地主・庄屋層あるいは小旗本領の代官化した有力農民などへ全国的に広まっている。これら農民基盤型の流派は、武士基盤型の直心影流に比べて、伝統的拘束からはより自由であったと考えられる。そして神道無念流は寛政2年に著われた「撃剣叢談」に「此流勝負を以って仕立てる也。しなへも重き篠しなへを用ゆ。面小手巳下の道具皆丈夫に製す。皮也。」とあるように、〝試合〟において他流より一歩進んでいたことが伺われる」

42　榎本鐘司（1986）、〈剣道における二重的性格の形成過程について〉武道学研究17-1、南山大学

武士階層主体の流派と違い、農村部を背景とした新興流派の神道無念流は実戦性、理よりも術を優先するといったことが特徴となっていった。このことが明治以降の竹刀剣道興隆にあたって、実戦性の深みを竹刀剣道に加味していくことにもつながっていったと理解できる。

3 神道無念流の普及

榎本[43]は、「竹刀打ち込み試合剣術流派の中で、諸藩にもっとも広く行われたのは、直心影流、神道無念流、小野派一刀流、北辰一刀流の順である」としている。直心影流は、天保-弘化期以前においては圧倒的勢いがあるとし、その直心影流に代わって遅れて広まるのが神道無念流で、中国地方、北陸地方に広まった、北辰一刀流、小野派一刀流は関東以北に広まったとし、次の表で各藩の流派をまとめている。（表1）

43 榎本鐘司（1982）（幕末諸藩における竹刀打ち込み試合剣術に関する研究）武道学研究15-2、南山大学

表1（4流派の分布）（幕末諸藩における竹刀打ち込み試合剣術に関する研究より）

	直心影流	神道無念流	小野派一刀流	北辰一刀流
北海道東北　19藩中	7	3	8	4
関東　24藩中	9	4	4	5
東海北陸　36藩中	17	9	5	3
近畿　11藩中	4	1	0	1
中国四国　32藩中	13	9	3	1
九州　30藩中	13	2	3	1
計152藩中	63	28	23	15

表2（4流派の広がりの時期）（藩数）（出典は上記表1と同じ）

	直心影流	神道無念流	小野派一刀流	北辰一刀流
天保期以前	18	4	7	4
弘化5年以前	40	10	9	5
嘉永期以前	51	15	14	6
安政期以前	57	18	19	11
慶応期以前	60	24	22	14
明治4年以前	62	25	22	14

ちなみに万延期については、数馬広二[44]は次の表3の通り分析している。

表3　数馬広二（2003）「万延元年（1860）の英名録」記載の流派と門人数

	柳剛流	北辰一刀流	神道無念流	天然理心流	小野派一刀流	甲源一刀流	その他
武蔵国	94	52	53	48	9	20	14
相模国	0	5	0	16	3	0	15
上野国	1	6	0	0	0	0	5
下野国	1	19	3	0	0	2	3
上総国	28	19	2	0	4	0	6
下総国	14	22	2	0	10	0	10
常陸国	1	1	1	0	0	0	3
安房国	0	9	0	0	0	0	0
記載なし	12	3	3	2	0	0	13

44　数馬広二（2003）「万延元年（1860）の英名録」記載の流派と門人数、渡辺一郎『幕末関東剣術英名録の研究』、『剣道の歴史』、p271　全日本剣道連盟編

(2) 大正期・昭和初期の神道無念流

大正期においても左記表4のとおり幕末につづき神道無念流は隆盛を誇っている。

表4 （大正期の流派別剣士）杉江正敏『大正武道家名鑑[45]に見る大正期の武道について』より

	範士	教士	精錬証	合計
神道無念流	2	16	35	53
直心影流	4	12	33	49
北辰一刀流	3	14	32	49
小野派一刀流	1	12	27	40
心形刀流	0	2	12	14
新陰流	1	3	8	12
無刀流	0	7	4	11

45　杉江正敏（一九八五）『大正武道家名鑑』に見る大正期の武道について（武道学研究18－2）、大阪大学

昭和初期の状況については、坂上の研究に詳しい。[46] 修業の経歴と流派の数字が紹介されているが、その中で神道無念流の数は左記の通り、昭和初期においても隆盛を誇っていた。藩の剣術師範の家に生まれた者や各流派の門下に入って修業し、目録や免許皆伝を受けたものが大半である。

表5　1930（昭和5）年における剣道家の実態分析

範士	修行先	武徳会	4人
		他の流派	24人
	流派	武徳会	2人（7・1%）
		他の流派	26人（92・9%）（北辰一刀流7人、神道無念流4人、小野派一刀流3人、他流派各1人）
教士	修行先	武徳会のみ	76人（43・9%）
		武徳会と他の流派	7人（0・6%）
		道場名や師範の個人名等	90人（76・9%）

46　坂上康博（2002）（1930（昭和5）年における剣道家の実態分析）スポーツ史学会第16回大会報告資料
2002年12月1日

流派	
武徳会のみ	38人
武徳会と他の流派	1人
他の流派 （北辰一刀流26人、神道無念流23人、小野派一刀流20人、直心影流11人、心形刀流7人、新陰流6人、貫心流4人、無刀流4人、柳剛流、鏡心明智流、戸田流各3人、真影流含他5流派各2人　雲弘流ほか他流派30人重複あり）	133人
無記入	1人

前述のように、幕末から明治、大正、戦前と神道無念流は普及した流派の一つであった。

(3)　戦後剣道における神道無念流・有信館剣道

1　民間剣道場の消滅

このように戦前興隆を誇った民間剣道場の流派の戦後については一般的な見方として小澤[47]は、次のように記している。

「（戦前の）民間同好組織として建てられ、多くの剣道家を育て上げた道場は、昭和20年

47　小澤博『剣道の歴史』（2003）全日本剣道連盟編　p2－3

（1945年）の敗戦とともにほとんどが消失してしまった。しかしそこで育て上げられた剣道家たちが、戦後剣道の復活に尽力し活躍したこともまた確かなことであり、道場はなくなっても命脈は保ちつづけられたといえるのではなかろうか」

また、戦前の民間剣道場の江戸剣術が戦後消えていった一つの理由としてすでに戦前にその萌芽があったとする左記記述もある。[48]

「これらの技の大半がなぜ消えていったのかといえば、昭和10年ごろ武運を高めるため「突きと面」を重んじた武徳会の剣が主流になったことと無関係ではないだろう。日露戦争後、日本の軍隊は白兵戦を想定している。前線で敵と立ち向かったときの実戦である。そこには、内藤高治、斎村五郎が遣った「気の剣」が重要視された。戦後、竹刀競技になっても、主流は武徳会の剣である。江戸時代から続いた「江戸剣術」は姿を消していく。辛うじて根岸信五郎、高野佐三郎。中山博道その他の師範に引き継がれて残った」

48　早瀬利之（1995）『剣道日本』スキージャーナル社　p20

2　神道無念流が異色となる背景

高野佐三郎[49]を師と仰ぐ一刀流・高等師範系の多くの剣士たちは、戦前において国家の学校教育制度を担っていたことはその後の剣道界の主流を形成することになる。即ち、多くは戦後、教職にあり、ある意味生活が保障されていたこともあり戦後剣道の復活に貢献、かつ学校剣道普及にも多大な役割を果たしたといえる。また、高等師範系の剣士たちは組織としての力も保有していたとも推察され、一刀流の流れを多くの著作に表現している。

一方有信館剣道系の剣士たちは戦後ちりぢりばらばらになっていったことも、その後の剣道界の流れが決定する大きな原因のひとつといえる。その流れが、全日本剣道連盟編の『剣道指導要領』[50]（平成20年初版）にも左記のような記述があることからも読み取れる。

「大正元年（1912）には、「大日本帝国剣道形」（日本剣道形）が制定され、大正4年

49　高野佐三郎（1862（文久2）年－1950（昭和25）年）大日本武徳会剣道範士中西派一刀流剣術東京高等師範教授

50　『剣道指導要領』（2008）全日本剣道連盟編　p3

（1915）、高野佐三郎が『剣道』を著し、**千葉周作の「剣術六十八手」を「一本」の思想とともに「手法五十種」として受け継ぎ、今日の剣道指導の基礎を築いた**」

しかしながら、戦後、剣道が競技スポーツ化してきた中で登場してきた各種試合（国体、全日本東西対抗戦など）でも有信館剣道の身心技法をいかんなく発揮し強さを示したのが有信館剣道三羽烏といわれたうちの一人、中倉清といえる。

こぼれ話❼「聞き流す」

中倉先生とタクシーでご一緒させていただいたことがある。先生が「会社の仕事はどうか」とお尋ねになられた。私が40代でまだ血気盛んなころだった。私は、「社内にも取引先にも嫌なことを言ってくる人がたくさんいて大変です」と答えると、先生はさりげない口調で、「世間には右の耳で聞いてそのまま左の耳から聞き流すことなどたくさんあるよ」とおっしゃった。

私は、向かうところ敵なしの中倉先生でもそのようなことがあるのかと驚き、「先生でもそのようなことがおありですか」と思わず聞き直した。先生は、ただにこにこと笑っておられるだけだった。それ以降、そうした心の持ちようを、支えにさせていただいている。

第Ⅲ章　有信館剣道の文化（身心技法）[51]

明治以降興隆してきた竹刀剣道に実戦性の息吹を強く吹き込み、竹刀剣道に奥行きを求めたのが有信館剣道である。相手との間合いの攻防にその特徴が表れる。それらを具体的に見ていきたい。

第1節　「相手を攻める技」を理解するための参考分類項目

まず、ここでは富木謙治の『武道論』[52]で記述されている「剣道原理」と中野八十二『剣道上達の秘訣』[53]で記述されている「相手を攻める」要素と称する切り口を参考にして、有信館剣道の間合いを攻める技、即ち「相手を攻める技」の特徴を理解するための分類項目を提示し

51　「身心技法」大保木輝雄武道学会45巻（2012-2013）号　p77。心と体を一体として働かせることの意味と価値を考え、「一本」の出来栄えがその人の「生きる姿勢」として表現されることを理解しておきたい。またそれは「礼法」と地続きでもある。

52　富木謙治著（1991）『武道論』、大修館書店　p163

53　中野八十二（1985）『剣道上達の秘訣』、体育とスポーツ出版社　p129

たい。

(1)　富木謙治『武道論』の「剣道原理」より

「相手に触れさせないで斬突する原理」で「間合い」、「目付」、「刀法」の3項目の重要性を富木はあげている。これは、間合いを攻めてその後、相手全体を遠山の「目付」で俯瞰し、「刀法」の技術で相手に触れさせないで斬突すると理解したい。

(2)　中野八十二著『剣道上達の秘訣』の「相手を攻める」より

高等師範（一刀流）系の中野八十二は「相手を攻める」には4つの項目がある。即ち「間合いの問題」、「構えの方向」、「虚実の問題」、「強弱の問題」としている。また、「虚実」とは「強弱」と同義であり、「拍子」というものもありそれが「間合いの問題」、「構えの方向」、「虚実＝強弱の問題」の3項目をカバーするものとしている。

ここで、富木の「間合い」とは、中野の「間合いの問題」、「構えの方向」、「虚実＝強弱」の3項目と同義と理解したい。「相手を斬突する前」、「相手を攻める」の攻防即ち「間合いの攻防」に焦点を絞った3項目となる。

(3) 有信館剣道の「相手を攻める技」を理解するための分類項目

「間合い」をさらに「呼吸」と「足さばき」に分け、構えの方向は相手との剣先の攻防と同義として、分類項目を、左記4つとしてみたい。

1. 構えの方向＝剣先の攻防
2. 足さばき
3. 呼吸
4. 虚実＝強弱

剣道では、間合いとは相手との物理的距離であり、心理的距離の2要素があると理解し、その二つの距離を自分に有利に展開することが相手を崩すことになることになると中野は述べている。[54] 間合いの要素は、まだほかにもいろいろあるかと思われるが、重要度や史料の制約などを鑑みて、この項目でまとめてみたい。

54 前書中野八十二『剣道上達の秘訣』p－30

こぼれ話⑧「乾いていた剣道着」

40代のころ仕事の合間をみて、中倉先生が出向かれるときには夏の合宿や週末の稽古にご一緒させていただいていた。一橋大学剣道部の金沢での夏合宿にも同行させていただいた。同じ会社に勤務していた福井営業所のＩさん（国士舘大学剣道部卒、現在教士八段）にも声をかけると彼も喜んで参加した。

夏の金沢は暑い。昭和の武蔵中倉清がいらっしゃるということで、猛暑にもかかわらず、合宿先には金沢大学剣道部学生、石川県警の剣士たちが多数稽古をお願いしにいらしていた。稽古後、先生とＩさんと合宿所の風呂に入った。Ｉさんが先生に「剣道着を片付けましょう」と部屋まで持ちかえろうとしたら、先生は「自分でやるから」とおっしゃり、先生とＩさんとで剣道着の取り合いをしていた。その後、Ｉさんが「すごいですね」と言ったが、私には当たり前の光景だったので「そうかな」と答えた。Ｉさんは、「剣道着をご自分で片付けられたこともさることながら、剣道着が汗で濡れておらずほとんど乾いた状態だったことに感嘆した」とのことだった。

あの暑い金沢の夏合宿での話である。

第2節　中山博道の具体的な竹刀さばき（昭和天覧試合　昭和9年より）

前述分類項目に沿って史料をみていくまえに、中山博道の竹刀さばきが具体的に記述されている史料をみてみたい。これによりそれぞれの項目のイメージがされやすいと思う。昭和9年に開催された皇太子殿下御誕生奉祝武道大会、いわゆる昭和天覧試合における中山博道と高野茂義の特選試合の記述があるので左記紹介したい。[55]

「皇太子殿下御誕生奉祝武道大会昭和天覧試合（昭和9年）

中山博道（63歳）と高野茂義（58歳）との試合立ち上がる両範士。俊敏、軽捷、隼の如き中山は、……中略……。このとき中山対手の太刀を踏む気勢にて、剣尖を強く利かして、高野の太刀を或いは表から或いは裏から抑えつつ、殺しつつ、得意の攻め手をもって対手の構えを崩し、敵陣深く間をつめると見る間に忽ち、左横面を襲うた」

55（1934（昭和9）年11月）皇太子殿下御誕生奉祝武道大会『昭和天覧試合』、大日本雄弁会講談社　p399

前記の記述よりキーワードを抜き出し、前述の分類項目の主たるものを強いて当てはめると次のようになると思う。

（1）中山　対手の太刀を踏む気勢にて剣尖を強く利かして「構えの方向＝剣先の攻防」
（2）表から或いは裏から抑えつつ崩す「足さばき」
（3）得意の攻め手をもって対手の構えを崩す「呼吸」
（4）敵陣深く入り間をつめて「虚実＝強弱」
（5）左横面を襲う（間合いを攻め込んだあとの技「刀法」）

ちなみに、明治初期にできたといわれ、いまも警視庁に伝わる警視流木太刀形は、当時の代表的な10流派の形からそれぞれ1本を抽出して10本の形にまとめられている。8本目は神道無念流となっている。そこには、前述中山博道の技、即ち左右開き足による足さばきで左右からの攻め、最後は相手面を片手横面で決める形となっていると理解している。

こぼれ話⑨「みみずばれ」

これも、こぼれ話❼で紹介した中倉先生とご一緒した金沢での夏合宿のときのことである。先生と稽古後、風呂に入ったとき、左脇の下あたりがみみずばれになって腫れていたのを発見した。思わず先生に「どうされたのですか」と尋ねたところ、先生はにこにこ笑いながら「さっきの稽古のときX君が逆胴を打ってきたが外れたみたいだ」とこともなげに説明してくださった。そういえば、私の何人か前に稽古をお願いしていたX氏が逆胴を打ったのは私も目撃していた。多少外れたように見えたが稽古は中断もせず続いていた。

これほどのみみずばれであれば思わず痛くてうずくまってしまうか、稽古を中断して息を整えるのではと思ったが、何ごともなかったように稽古を続けた剣豪の凄さを目の当たりにした思いだった。

第3節　有信館剣道の「相手を攻める技」の具体的な特徴

(1)　構えの方向＝剣先の攻防

これをさらに分けると、左記1の相手の剣に乗るような構えの方向と左記2の相手の角を攻めるような構えの方向とになると思われる。一方、左記3で一刀流系との比較を試みながら見ていきたい。

1　相手の剣に乗るような構えの方向

前書『中山博道虎の巻』[56]では、中山博道は、有信館剣道の構えについて独自なことを伝えており主なものを抽出すると次のとおりである。

「対手の剣を上から押さえる心
対手の太刀にからむように攻めよ

56　前書『中山博道虎の巻』p245-p287

対手の太刀に乗って動き、引き出して打つ
対手の呼吸をのむように」

中山尚夫は[57]、中倉清も「相手の剣の上に乗るように」と教えていると伝えている。

2　相手の角を攻めるような構えの方向

次に剣先の方向、即ち構えの方向について、『中山博道虎の巻』[58]を参考に見てみる。そこでは次のような説明がある。

「入り方は左、右に剣先を廻しつつ左、右に開きながら平然として進む。ただし、対手が入ってくる前に察して開け。左右よりの足は正中を攻め、左右より入る。四十五度に回転(右変、左転)左右直ちに出ねばならぬ。角を外して角を攻めよ。敵の心に乗って自然に動け」

57　前書中山尚夫『中倉清語録』p6
58　前書『中山博道虎の巻』p245-p287

斜めに開くことにより相手の角を攻める事が可能になるとしている。

「体を斜めに捌けば、我が角、つまり面、左右面、左右の肩、胴という五つの角を対手の攻撃から外すことが出来、逆に斜めから対手を攻めれば、対手の角を攻めくずすことができる。斬るとは常に角を斬る事。

斜めの構え（平正眼）、相手左目に剣先をつける。左手を肋骨につけないで離しておくこと。左手の拇指はナーベル（臍）の前」

『中山博道虎の巻解説[59]』では、前述斜めの構えは、剣先は多少高めになるが、左手は拇指と第二指（人差し指）でその間に押して持つ心が大切であるとしている。そうすると、手の内に柔らかさが増し、対手は、間合いが計りにくいと解説する。

59　前書中山尚夫『中山博道虎の巻解説』p52

3　他流との比較

比較の意味で、高等師範・一刀流剣士が語る構えの方向についての教えを引用したい。高等師範の一刀流系の代表的な間合いの攻めを見ると、湯野正憲の[60]『剣心去来[61]』では湯野は次のように語っている。

「たとえば、攻め込み面の例でいえば、中段の構えから剣尖を下げ、相手の右拳につけ、相手の腹をえぐるくらいの気力を剣尖に充実させ、相手が少しでも手元をゆるめるならば、小手を打つ気勢で腰から小足で攻め入れ、相手がこの気に打たれて、思わず右拳を下げて一歩退くようになる。その途中のところを十分踏み込み面を打つ、踏み込んだ体勢をそのまま相手に体当たりとなる」

60　湯野正憲　範士八段　元高体連剣道部長

61　湯野正憲（−1968（昭和43）年）『剣心去来』、鷹書房　p48

同じく（剣の道人の道）『月刊武道』[62]で、岡村忠典[63]は、小川忠太郎範士のことばとして左記を伝える。

「**剣道の稽古は、心は平常心、構えは左半身をかため（後ろ足の踏みつけ高野佐三郎先生は左足のひかがみを伸ばせと教えている）あとへ引かぬ心、之が大事、これで懸中待待中懸の心が成り相手に一念が萌せばその機先を制するのです。これが八段の位です。面を打つとき、左手が前に出ない。従ってその場でふりかぶることになる。それは相手に対して攻めがないことになる。相手を突く気迫と動作をもって面を打つようにする**」

一足一刀の構えから相手手元を鋭く攻めていくのと有信館剣道の左右の足さばきで相手を攻めるのとはやはり違いが明らかなように見える。一方、一足一刀とは一刀流のお家芸であることが左記表現されている。大保木輝雄は一刀流の技法として左記紹介して

62　岡村忠典（剣の道　人の道）（1999）『月刊武道』日本武道館編　p34
63　岡村忠典　教士八段　元高体連剣道部長

いる『月刊武道』[64]。間合いを詰めながら左右の変化で攻撃にでる有信館剣道とは違いが顕著である。

「ところで、**撃剣で重視されてきた「一足一刀」というのは元来一刀流の述語であり、相手に打ち込む際にはまずは体を先に出しやや遅れて刀を出すことを示している。手打ちではなく身体の総てが剣先の勢いとなるようにとの教えなのである。**組太刀の世界では、勝負が決する場所を「間境まざかい」「水月の場」などと呼び最も重視する。そして、この間境に入るために十分備える場所が「三間さんげん」（現在の９歩の間合い）の距離だと定めている。お互いがこの間合いから接近し勝負を決する間境を通過するとき、気後れしたり、刀が先にでないよう相手より早く「踏み込むべき場」に足を踏み込むことが「一足一刀」なのだ。「切り落とし」を下支えする身心技法が「一足一刀」であり、間合いだけを意味するのではない。それ故組太刀の稽古では、９歩の間合いで充実した気勢と姿勢を整え、「一足一刀」を学ぶのである」（傍線部強調筆者）

64　大保木輝雄（２０１７）『月刊武道』、日本武道館編　p１０３-p１０４

(2) 足さばき

前述の「構えの方向＝相手を攻める技」を効果的にするには、足さばきの支えがやはり必要となってくる。剣道では、一眼二足三胆四力といわれるほど、足さばきを大切にする。『中倉清語録』を見ると、有信館剣道ではことのほかそこが強調されている。さらにいうならば足さばきが、有信館剣道の最大の特徴といっても過言ではないかと思える。その足さばきを理解しやすくするために、次の項目に随って、言説資料をまとめてみたい。

1　語られる中山博道の足さばきと戦前の有信館少年剣士の足さばき
・中山博道の独自な足さばきと他流、他者からのコメント
・中山博道の足さばきの解説（片足加重、左右開き足、踏み込み足）
・中山博道の足さばきについての古武術・身体活用的理解
・戦前の有信館道場少年剣士の足さばき
2　戦前、戦後における中山博道自身の足さばきについての主張
3　中山博道自身が語る具体的な足さばき
4　中山博道の師匠である根岸信五郎が語る足さばき
5　長州藩・神道無念流に伝わる足さばき

6　有信館道場三羽烏といわれる中倉清、羽賀準一、中島五郎蔵の足さばき

7　現代剣道でも一部で継承されている有信館剣道の足さばき

8　戦後の現代剣道における足さばきの変化

それでは、具体的な説明に入りたい。

1　語られる中山博道の足さばきと戦前の有信館少年剣士の足さばき

・中山博道の独自な足さばきと他流、他者からのコメント

『警察協会雑誌 352』[65]（1929）で、斎村五郎[66]が中山博道の左右開き足からの相手の斜め側面からの攻めについて、左記コメントしている。

「（心持をきけ）　斎村五郎範士十段

業は人の形だけを真似てはよくない。その心持をよくうかがへ。

65　斎村五郎（心持を聞け）（1929（昭和4）年）『警察協会総合雑誌』352　p120

66　斎村五郎剣道範士十段（1887（明治20）年－1969（昭和44）年）

中山先生はせめられると刀をよく右に抜くからその形を真似ると失敗に期す、中山先生のは右に抜いても刀は常に生きて居て直ちに撃太刀に変わる」

さらには、小川忠太郎[67]『剣道講話』[68]では、小川が中山博道の足さばきについて斎村同様に次のように語っている。

「足がいいということになると中山先生。あの小さな体で、あそこまで使えるのは左足がいいから。左足が生きているからである。……中略……それから中山先生の稽古は、細かく言うと足を左斜め右斜めと三角に攻める。真直ぐにでるのではない」

一方、高等師範系の指導の中でも次のように、前後の動きに特化している戦後の現代

67　小川忠太郎剣道範士九段（1901（明治34）年－1992（平成4）年）元警視庁主席師範
68　小川忠太郎（1993）『剣道講話』、体育とスポーツ出版社　p229

剣道を左記のように指摘している（今井三郎[69]『幼少年剣道の指導と研究』[70]）。

「左右斜め横前後の身体移動、いわゆる開き足が少なくなってきている。上下左右からの攻めが自在、相手の攻撃に左右への変化を加えて応ずる動作をマスターしている人は比較的少ない。これができるとその人の剣道に幅が出てきて無理なく各種の技が使用可能」

また、（中村民雄）『剣道事典』[71]では現代剣道の足さばきについて次のように記述。

「つまり、現代剣道では左右の足さばきが少なくなり、前後の足さばきでほとんどカバーされているのが実状である」

69　今井三郎　剣道範士八段　元東京教育大学教授
70　今井三郎（１９７６）『幼少年剣道の指導と研究』、体育とスポーツ出版社　ｐ74
71　中村民雄（１９９４）『剣道事典』　島津書房　ｐ２８３－ｐ２８４

いずれも、戦後の現代剣道では左右の足さばきが少なくなり、前後のみに傾斜していることを指摘している。

・中山博道の足さばきについての解説（片足加重、左右開き足、踏み込み足）

具体的に、中村藤雄『剣道日本』[72][73]より見ていきたい。戦後中山博道が身を寄せていた東京の大義塾で直接指導を受けた中村藤雄が次のように語っている。「右に捌いても刀は常に生きて相手の正中線をとらえていた」と斎村五郎がいいきるその足さばきと刀の構えの方向をささえる術理をこれから左記（片足加重、左右開き足、踏み込み足）の順に紐解いてみたい。鍵は左右どちらかの片足加重、これにより自由に動けるというもの。

「片足加重

打ったあとは、二の技や相手の反撃に備えるために片足に乗っておく。軸足を決めておくことで前後左右への変化が自在。中山博道の体さばきがコマのようだといわれ

72　中村藤雄（1995）『剣道日本』、スキージャーナル社　p22-p31
73　中村藤雄（1996）『剣道日本』、スキージャーナル社　p32-p41

たのはここに秘密がある。片足に乗っていたから、突然ぶつかってこられても身をかわせたわけです」

次に左右の開き足について語っている。即ち現代剣道は前述のように、一足一刀の正面からの踏み込み足による打ちが主流となっている。この結果、左から面を打つ必要がないため、腰が入った左足を前にした左面の打ちが少なくなってきているといわれている。また、両足が居ついた状態になりやすく筋力に頼る踏み込み足になりやすいともいわれている。その足さばきと踏み込み足について次のように伝えている。

「左右開き足

基本・その1　出足

左（相手の右面など）を打つとき、今日のように右足を出して打ったら腰も手の握りも決まらない。刀であれば、誤ってそのまま振り下ろせば自分の刀で自分の足を切りつけてしまうことにもなる。中山博道、森寅雄[74]は、右（相手の左面など）を打つときは右足、左を打つときは左足を出していた……後略……」

その具体的足さばきは次頁写真6の通り。

また、左右の足さばきに関連して、足の構えについても次のように解説している。

「基本・その２　足の構え

足の構えは足先が内側を向くように心がける。とくに左足はつま先が外を向いてしまうようではなく、心もち内に向けるように意識する。そうすると自然に左腰が入り、身体がまっすぐに相手に向く。……後略……」

前述は、あとで引用する根岸信五郎が伝える足の備えに同じである。次に、同書では、中村藤雄氏が有信館剣道の踏み込みを左記写真とともに説明している。つぎのステップ

74　森寅雄（１９１４－１９６９）講談社創業者野間清治の甥、天才剣士といわれる。戦前北米でも活躍　剣道とフェンシングでも頭角を現す。

基本四種、技十一種

中村藤雄氏が受け継いだ数々の基本的な心構えや技は、現代の竹刀剣道の基本的要素とは異なる点も多く、興味深い。ここでは基本事項を四種、技を十一種掲載した。（文中の「私」は中村氏を指す。実技は中村氏、亀井一雄教士八段）

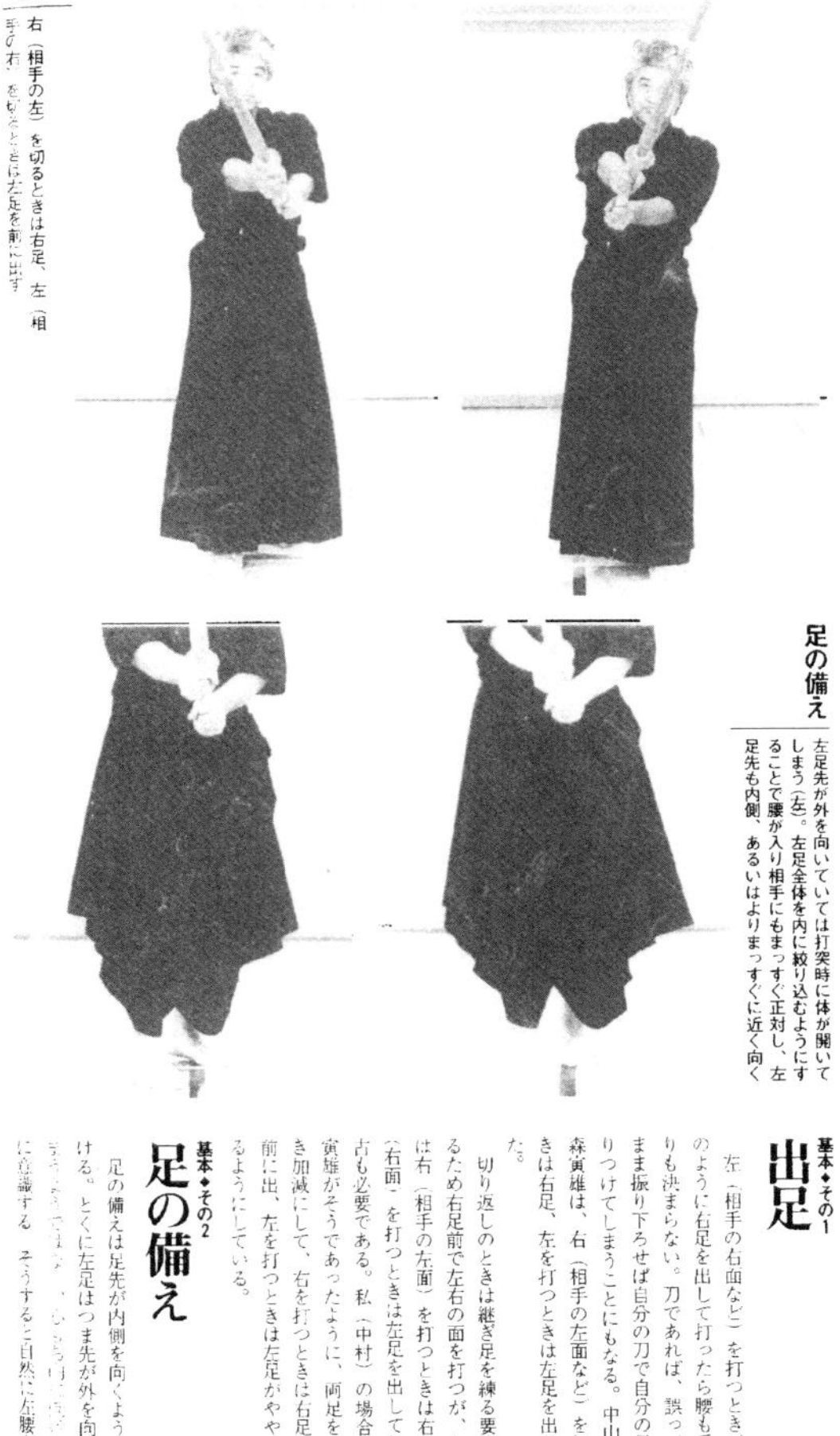

出足

右（相手の左）を切るときは右足、左（相手の右）を切るときは左足を前に出す

足の備え

左足先が外を向いていては打突時に体が開いてしまう（左）。左足全体を内に絞り込むようにすることで腰が入り相手にもまっすぐ正対し、左足先も内側、あるいはよりまっすぐに近く向く

基本◆その1

出足

左（相手の右面など）を打つとき、今日のように右足を出して打ったら腰も手の握りも決まらない。刀であれば、誤ってそのまま振り下ろせば自分の刀で自分の足を切りつけてしまうことにもなる。中山博道、森寅雄は、右（相手の左面など）を打つときは右足、左を打つときは左足を出していた。

切り返しのときは継ぎ足を練る要素もあるため右足前で左右の面を打つが、ときには右（相手の左面）を打つときは右足、左（右面）を打つときは左足を出して打つ稽古も必要である。私（中村）の場合は、森寅雄がそうであったように、両足を少し開き加減にして、右を打つときは右足がやや前に出、左を打つときは左足がやや前に出るようにしている。

基本◆その2

足の備え

足の備えは足先が内側を向くように心がける。とくに左足はつま先が外を向いてし[illegible]に意識する。そうすると自然に左腰が入り、

写真6　中村藤雄　左右の足さばき『剣道日本』（1995年8月）より

につながる左足のひきつけは、右足の踏み込みのやりかたにあるとしている。

「踏み込み足
高く足を上げて踏み込むよりも、低く鋭く足を出した方が距離が伸びる。
つま先から着地し、最後にかかとをトンと踏む。肝腎なのは、着地と同時右足を伸ばすこと、（次頁写真7）それによって左足が早く自然に引き付けられる。打ったあとは二の技や相手の反撃に備えるために片足に乗っておく」

・戦前の有信館少年剣士の足さばき
戦前の雑誌『野球界』[75]１９４０年11月号に、中山博道と有信館剣道が取りあげられており、中山博道と少年剣士たちの稽古風景の貴重な写真が掲載されている。そこに見られる少年剣士たちの踏み込み足、左足はまさに、中村藤雄が、中山博道から直伝を受けたという足さばきである。右足を低く出すと同時に足のひきつけにつながる上述の右足の着地方法がこつとしている。写真（左）の中央くらいにある少年剣士の左

75　神道無念流有信館道場を見る（１９４０年11月号）『野球界』、野球界社　ｐ４

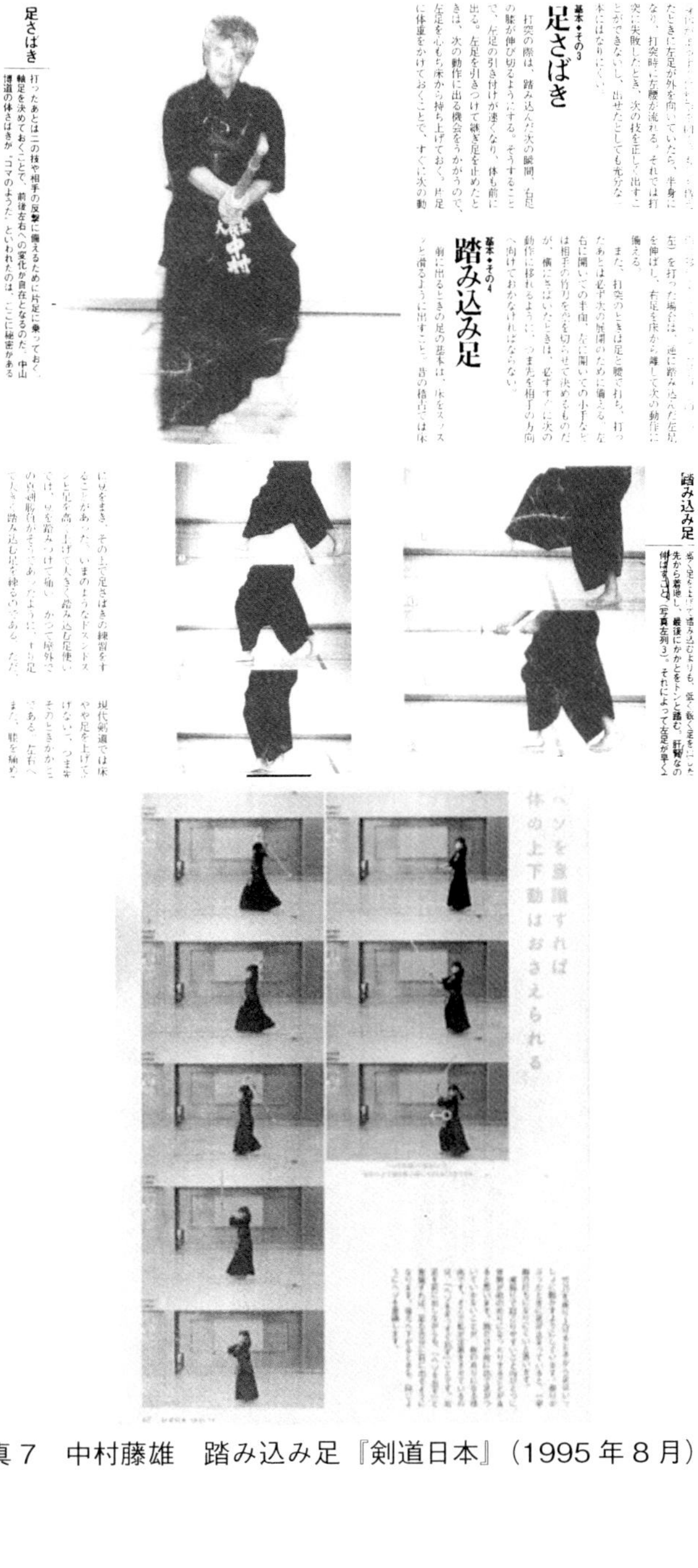

たときに左足が外を向いていたら、半身になり、打突時に左腰が流れる。それでは打突に失敗したとき、次の技を正しく出すことができないし、出せたとしても充分な一本にはなりにくい。

基本◆その3
足さばき

打突の際は、踏み込んだ次の瞬間、右足の膝が伸び切るようにする。そうすることで、左足の引き付けが速くなり、体も前に出る。左足を引きつけて継ぎ足を止めたときは、次の動作に出る機会をうかがうので、左足を心もち床から持ち上げておく。片足に体重をかけておくことで、すぐに次の動

左）を打った場合は、逆に踏み込んだ左足を伸ばし、右足を床から離して次の動作に備える。

また、打突のときは足と腰で打ち、打ったあとは必ず次の展開のために備える。左右に開いての半面、左に開いての小手などは相手の竹刀を外を切らせて決めるものだが、横にさばいたときは、必ずすぐに次の動作に移れるように、つま先を相手の方向へ向けておかなければならない。

基本◆その4
踏み込み足

前に出るときの足の基本は、床をスッスッと滑るように出すこと。昔の稽古では床

足さばき

打ったあとは二の技や相手の反撃に備えるために片足に乗っておく。軸足を決めておくことで、前後左右への変化が自在となるのだ。中山博道の体さばきが"コマのようだ"といわれたのは、ここに秘密がある

踏み込み足

高く足を上げて踏み込むよりも、低く鋭く足を出した先から着地し、最後にかかとをトンと踏む。肝腎なのは伸ばすこと（写真左列3）。それによって左足が早く

現代剣道では床

やや足を上げて

けない。つまり

そのときかかと

である。左右へ

また、膝を柔め

に足をまき、その上で足さばきの練習をすることがあった。いまのようなドスンドスンと足を高く上げて大きく踏み込む足使いでは、足を踏みつけて痛い。かつて屋外での真剣勝負がそうであったように、すり足で大きく踏み込む足を練るのである。ただ、

ヘソを意識すれば体の上下動はおさえられる

写真7　中村藤雄　踏み込み足『剣道日本』（1995年8月）より

足に注目願いたい。現代剣道の傾向として、左足で蹴るので左足が後方に流れる傾向がある。

・有信館剣道の足さばきについての古武術・身体活用術的理解

甲野善紀[76]は、不安定な状態の方が力が出しやすいという。中山博道の片足加重の動きを理解するものとして参考になる。両足が居ついた状態より不安定なほうが効果的とするものである。

「倒れかかる、沈むといった不安定な状況は力まずに、容易にエネルギーを放出

写真８　有信館中山博道と子供たちの稽古『野球界』（1940年11月）より

76　甲野善紀（２００４）『表の体育裏の体育』（ＰＨＰ文庫）ｐ67－ｐ68

しやすい、また気配がでにくい。この不安定という状況は丹田力誘発にとって重要なのである。相手からの反撃など、こちらの心身の安定を乱そうとする動きがあるとき、こちらも瞬時に不安定状態となって融合し、この一括融合した不安定を丹田によって統御し一気に安定化へもっていくものである。姿勢の根本である腰の構えは、日本武術の伝統的な形である反りをとった袴の似合う姿である。この姿勢で、体の重心は両足の中央に落ちるようにする」

2　戦前、戦後における中山博道自身のその足さばきについての主張

中山博道は、戦前、戦後も足さばきについては一貫した主張をしている。長尾によれば次の通りである。[77]

「このような（戦前）踏み込み足や飛び込み技の承認、一般化に対しては中山博道は次のような見解があった。中山は慶応大学校友会誌つるぎ第６号（昭和９年）の座談会の

77　長尾進「剣道における競技的技術の形成について」（１９９５）『武道文化の研究』（渡邊一郎先生古希記念論集刊行会編）、第一書房　p２７８

中で1本の太刀を打っても今は民衆化の剣道の方法というものは1本打ってポンとうちますと、対手を打つと手で打ってあとヒョロヒョロと2足3足位前に出ていく。あいうことは船の上だったらどうするんです。相手を倒しても自分は水の中へ飛び込んでしまう。あれは一足一刀で打つと共に足の数だけ打っていかねばならぬと述べている。これは、踏み込み足（飛び込み技）の承認、一般化が体を使わない手打ちを増加させたこと、またそれによってひきおこされる惰性（余勢）について批判を加えたものである。このような、**中山の足遣いについてのとらえ方は戦前までの剣道界においてはかなり注目された事柄であったようだ**」

また、庄子も『剣道五十年』[78]で、剣道家の対談の中で中山博道の足さばきについて次のように語らせている。

「足を、みなどんどん打つのは何のことです。往来で試合をするときにどうなる。雨の降っておるときもあるし、雪の降っておるときもある。そのとき、足さばきはどう

78　庄子宗光（－1976）『剣道五十年』、時事通信社　p336

か。足の音をさせないようにしなければならない。大抵の人はどんどん足音をさせる。役者じゃないんだ。役者は幕が下りていてもどんどんやって足さばきをよくする。しかし、剣道ではああいうことはいけない」

一方、中村民雄は、中山博道のこうした足さばきの主張が傍流になっていったとして次のように記述している。[79]

「戦前までは踏み込み足といわれていた足さばきが、飛び込み足に代わり、大地を踏みしめて打ち込むような踏み込み足は、遠くからとびこんで打突に適した足さばきに変化してしまった」

中山博道の一貫したこうした主張に対して、戦後の現代剣道では前述の飛び込み足優先の主張もある、後述（本節(2)の８）。

79　中村民雄（－１９９４）『剣道事典』、島津書房　ｐ２８３－ｐ２８５

3　中山博道自身が語る具体的な足さばき

『中山博道剣道虎の巻』[80]では、足さばきについて次のような細かな口述がされている。

・足さばきができぬようでは物にならない
・足の運び、左足で押し出す。左右の応じ45度の変化
・開きながら左足を寄せて進む
・外側の足は常に内側に踏む、向けるように心せよ
・左足進むとき、きゅっと曲げる　左足の指をきゅっと曲げる。退くときも右足指を曲げて押す
・入り方は左、右に剣尖を廻しつつ左、右に開きながら平然と進む
・左右よりの足は正中を攻め、左右より入る

『中山博道虎の巻解説』[81]では、前述の足さばきの具体的な効果が解説されている。相撲

80　前書『中山博道剣道虎の巻』p245－p287
81　中山尚夫著『中山博道虎の巻解説』p52－p53

の揺地と共通する左足の足運びにより腰と丹田に力が入るという。

「左足を進めるには、足指を土を踏むように曲げます。相撲で大切な（揺地）の技法で、これで始めて丹田に力が集約、強い攻めが可能に。有効に間をきるには、右足を下げる、只後ろに下がるだけでは腰が入らず左右にさばけません。このときこそ、退いた足を左か右にねじれとの教え。」

『諏訪尚武館五十年史』[82]の中で、中山博道の足さばきについて館長である土橋道治氏が幼少のころ、実際目撃しており次のように語っている。

「足についてお伺いしたら「だてに十本の指が着いているのではなく、常に全部を活用しなさい。重心の安定移動に重要であり、踏み込みも良くなり、動作も軽快になり、非常に大切なことだ」と言われ先生**自ら両足の踏み方、指の使い方を実演してくださいました。**そのとき私たちは先生の足を見て、吃驚しました。足の長さは我々と同じ

82　諏訪尚武館五十年史刊行会（1974）『諏訪尚武館五十年史』（非売品）p202

くらいですが、足幅たるや我々の2倍くらいもあり、足指が長く発達し十本の指がそれぞれの動作に応じて活動することでした。中山先生は、子供といえどもなかなか打たせてくれなかった。激しい、強い稽古の仕方であった。身体を左右に開くのが、神道無念流の教えだそうだが、面を打っていって先生のいないことがある。気が付いたときは横にいて、こちらだよと言わんばかりである。切り返しは、左右に体を開きながら、左右面を打つ練習を一生懸命やった」

ちなみに、こうした中山博道の足さばきは、左記のような相手の剣の下には身を置かないという実戦的な考え方に基づくもので、前述（第Ⅲ章第1節(1)）の富木謙治の〝相手にふれさせないで斬突する原理〟にも近い考え方で、有信館剣道の実戦性を示すよい例と考えられる。『中山博道虎の巻』[83]では中山博道は相手の刃の下に入らぬことを主張して、次のように語っている。

83　前書『中山博道虎の巻』p270

「切られ急ぎをしないこと。初めから人を斬ろうと思ってはならぬ。自分の身の置きよう、力がどこにあるかを考えよ。勝つことより負けないことが大切」

『剣道日本』[84]１９９５年８月号（中村藤雄指導、早瀬利之文）でも、中山博道の相手に触れさせない剣さばきは次のように伝えられている。

「中山博道は、日本剣道形で、小太刀の技にしても、胴技にしても、相手の太刀は仕太刀の体に触れず空を切っている」

この項のまとめとして、前書『中山博道虎の巻』[85]から次の説明を引用したい。

「剣道の根本は、対手の武器を利し、自己の体を敵の刺撃の外に置き、自己の武器を活用せしむることにあり。即ち対手が切り込んで来た瞬間、これを左右いずれかにさ

---

84 再現秘伝の技術（1995年8月号）『剣道日本』、スキージャーナル社　p21

85 前書『中山博道虎の巻』　p270

ばいて対手の虚をつく。対手の切り込みに対し左右いずれかに開き、瞬間胴を切る。胴を切る気分は「相打ちの心持を以って致すべし」といわれている」

左右開き足による足さばきは、前述のように相手の剣刃の下には絶対身を置かない、無理に攻め込むなとまさに有信館剣道の実戦性の最たる術理と理解したい。

4　中山博道の師匠である根岸信五郎が語る足さばき

根岸信五郎『撃剣指南』[86]では、神道無念流の足さばきについて次のように記述されている。

「中段に平晴眼なる構え二つあり。一を左晴眼といい、一を右晴眼という。……中略……しかして、**両足は右足を内部に向け、左足は後方におきてこれを爪たつる**[87]、なお

86　中山尚夫編纂根岸信五郎著（1884（明治17）年）撃剣指南　p4-p5　根岸信五郎「撃剣指南」（1884）渡辺一郎編『明治武道史』（1971）新人物往来社

87　爪たつる。次頁写真9の中倉清の右足を見ると爪が立っている。流派によって違うとは思うが、全身の力を意識したものと思える。

中段におけるがごとし。また、左足を前にし、右足を後方に爪たつるも可なり。この足の踏み止め方法は左右晴眼に通じ用ゆるものとす」

「爪たつる」との表現を下記写真９の中倉清の右足親指爪をみてもらえれば判然とするであろう。

また、「右足を内部に向け」との表現があるが、中山尚夫は、[88]次の通り具体的に説明している。左右開き足と歩み足は実際にはなかなかむずかしい技であるが、それをかなり具体的に説明している。

写真９　中倉清右足親指爪立つる。中山尚夫『中倉清語録』より

88　中山尚夫著（２０１３）『神道無念流第七祖中山博道とその剣道』（非売品）ｐ６

「このように右足を内側に向けることが何故必要なのか。神道無念流では前を少し屈するように余裕を持たせて構えをとる。前足を内側に向ければ、己の体重は屈した右膝の内側に乗せやすくなり、後方の足は浮きがかかったように自由に右足に引き寄せられる。寄せられた足は、スタート地点となって、ここから斜め45度の右転左応、摺り足の斜めの体捌きが始まることになる」

5　長州藩・神道無念流に伝わる足さばき

幕末のころの神道無念で伝える足さばきの伝えを見ると次の通りである。それは、一刀流系の一足一刀の足さばきとは大きな違いがみられる。

「足ふみに関し、当流には裏の秘法がある。その条文に（右の足を出して切ること表の形には無之なり。**これ人々右の足より使うものゆえ、左の足にて切らせ、左右自在に働くの修行をさせるなり。左の足にて切る理は諸氏の知るもの少なし**）と、**当流独自の技とする左足を前にして逆足を使い敵を切る刀法を伝授している。足踏み第一なり、足をはこぶ事は左を踏み出すときに右の足を左の足へ添え、右を踏み出すときは、左の足を右の足へ添えることとなり。**足踏不自由なるとき、体働かざるときは心付居つくなり、気居つくときは太刀出ず、迷いを生じ、敵に打たるるなり。…………足の出るについて太刀の当たるものなり」[89]

左右それぞれの踏み出す足に足よせをしながら足を運ぶのがみそであり、単に歩く足の歩み足ではないことは明らかである。この足さばきで左右斜めからの攻めは、簡単そうで実はそう簡単ではない。足が動く前に手が出てしまうなど、腰さばき、足さばきが板についていないとなかなかできない技であろう。

6　有信館道場三羽烏といわれる中倉清、羽賀準一、中島五郎蔵の足さばき

この3人がやはり有信館伝承の足さばきを伝えている。

・中倉清の足さばき

堂本昭彦『鬼伝中倉清烈剣譜』[90]で語られている中倉清の足さばきは、前述の『長州藩相伝　神道無念流』で伝えられているのと同じといえよう。

89　木村高士（1990）『長州藩相伝神道無念流』、新人物往来社　p112

90　前書堂本昭彦　『鬼伝中倉清烈剣譜』　p38

「中倉清・有信館剣道の足の運びは、左右横、斜め左右横に足を運ぶ。その足さばき単に歩み足で左右に移動ではなくて、右足を右前に運んだときに、左足は同時に右足うしろに運んでおり次の移動にかかっている。また、膝の方向をあらかじめ動かすことによって移動を速やかに行う」

また、中倉清同様、植芝盛平に学んだ塩田剛三[91]は、合気道家からみた中倉清の足さばきを左記のように伝える。

「社交ダンスの足さばきと基本は同じ。これに伴い、左右横面への攻撃が可能。合気道の開祖　植芝盛平と親しかった中山博道のすすめで養子縁組をした中倉清ならではの合気道からきている足さばきといわれている。その結果、当代の最高の剣道家といわれる」

中山尚夫『中倉清語録』では、前述の中山博道の片足加重と同じような中倉清の足

91　塩田剛三（合気道家　1915–1994）1991『合気道修行』、竹内書店新社　p164–p165

さばきが解説されている。

「相手に息をつかせるような余裕や体勢をつくらせないように、左、右と攻め立てる中倉先生のやり方は片足立ちでないとできないと思います。従い、ゆっくりと真ん中重心の構えをとることは滅多にありません。焦点を絞らせない捌きが必要と思います」

篠塚増穂範士八段神奈川県警元師範は、『剣道日本2012、9月号』[92]小平の関東管区警察学校で稽古をお願いしたときのことを次のように語っている。それは左右足さばきによる打突の強さを如実に語っている。

「中段の構えから片手1本で右小手を打たれた。それが、もの凄い力で、痛みを感じた。上段を使われていたから左手首が強い。しかも、剣先はたった10㎝ほどしか上がっていなかった。私が面に入ると、今度は片手で正面を打たれた。よく見ると、左足

92（2012年9月号）『剣道日本』、スキージャーナル社　p38

で踏み込まれていた。こちらが下がると左足を出し、両手で面が打たれる。中村藤雄先生も中倉先生も、同じ中山博道の門下生だから剣風は同じである」

『中山博道虎の巻解説』の中山尚夫は、こうした左右開き足における打突の強さについて次のように説明している。

「斜め左右の動きは、腰が入り力が強くなる。スケートと同じ」

最後に、中倉清自身、『一橋剣道部八十年史[93]』では、左右開き足について次のようにその効用を語っている。

「**現代の剣道は前後の進退だけで左右の動きが全くない。**例えば、面の相打ちの場合、僅かに右斜め前に出ることによって、仮に竹刀の振り上げは一瞬後であっても、相手より先に面を打てることになるのである。**又　相手の面打ちを右か左に足を捌いてか**

93（1983年5月号）『一橋剣道部八十年史』、一橋大学剣友会　p14-p15

わし、また凌げば楽に相手の打突を避けることが出来るのであります。このような足捌きをするには、足を正しく踏み、常に歩行しているような軽い気持ちで相対してなければ、咄嗟の場合の変化は出来ない」

さらには前述の左右斜め前にでる動きでも、「自分の正中線と相手の正中線は合わせるような打ち込みをせよ」とは、ご指導いただいた中倉範士のことばがある。

・羽賀準一の足さばき

つぎに、羽賀準一の足さばきを見てみたい。小川忠太郎は、彼が有信館羽賀準一と稽古すると剣聖といわれている持田範士に報告すると、あの一派は足さばきが左右の攻めでくるので間合いの取り方が違う、注意せよと指摘を受けたとの記述がある。[94] また東大剣道部卒業生（昭和38年卒）岡本氏は、筆者とのインタビュー（1．24．２０１７）で、羽賀準一が間合いのさばきを「間合いが遠ければ歩いて入ればいい」といっていたと伝える。まさに、一足一刀での飛び込み足でない。

94　前書小川忠太郎（２０００）『百回稽古』体育とスポーツ出版社　ｐ２１６－ｐ２１７

・中島五郎蔵の足さばき

中島五郎蔵も同じように左右開き足による足さばきについてその合理性を語っている。『剣道日本』[95]で紹介されている中島五郎蔵を左記紹介したい。

「中島五郎蔵範士は指摘、つまり遠間からのスピードとカンにたよって打ってしまうのが主になって、理合が大切にされなくなったと。それを改める意味でも、かって最も理に明るいといわれた根岸信五郎から中山博道、さらに中島五郎蔵と伝えられたこの切り返しを取り入れては。最近は左右の動きが見逃されているのではないだろうか」

さらに次のように語っている。中山博道の有信館足さばきにかける思いと信念が伝わる。

「戦後、右武会の稽古を巣鴨警察で行ったとき、左右でなく前後の切り返しをしました。すると「おまえは神道無念流を汚す気かと」と（中山博道範士に）ひどく叱られま

95（１９８４年５月号）『剣道日本』、スキージャーナル社　p31

した」

下記（写真10）、中島五郎蔵が説明する左右の切り返しによる左右の足さばき。ただし、これはかなり一般的な解説であって、上述の長州藩に伝わる神道無念流の足さばき、とりわけ左足の送りを加えると理解が進むと思われる。

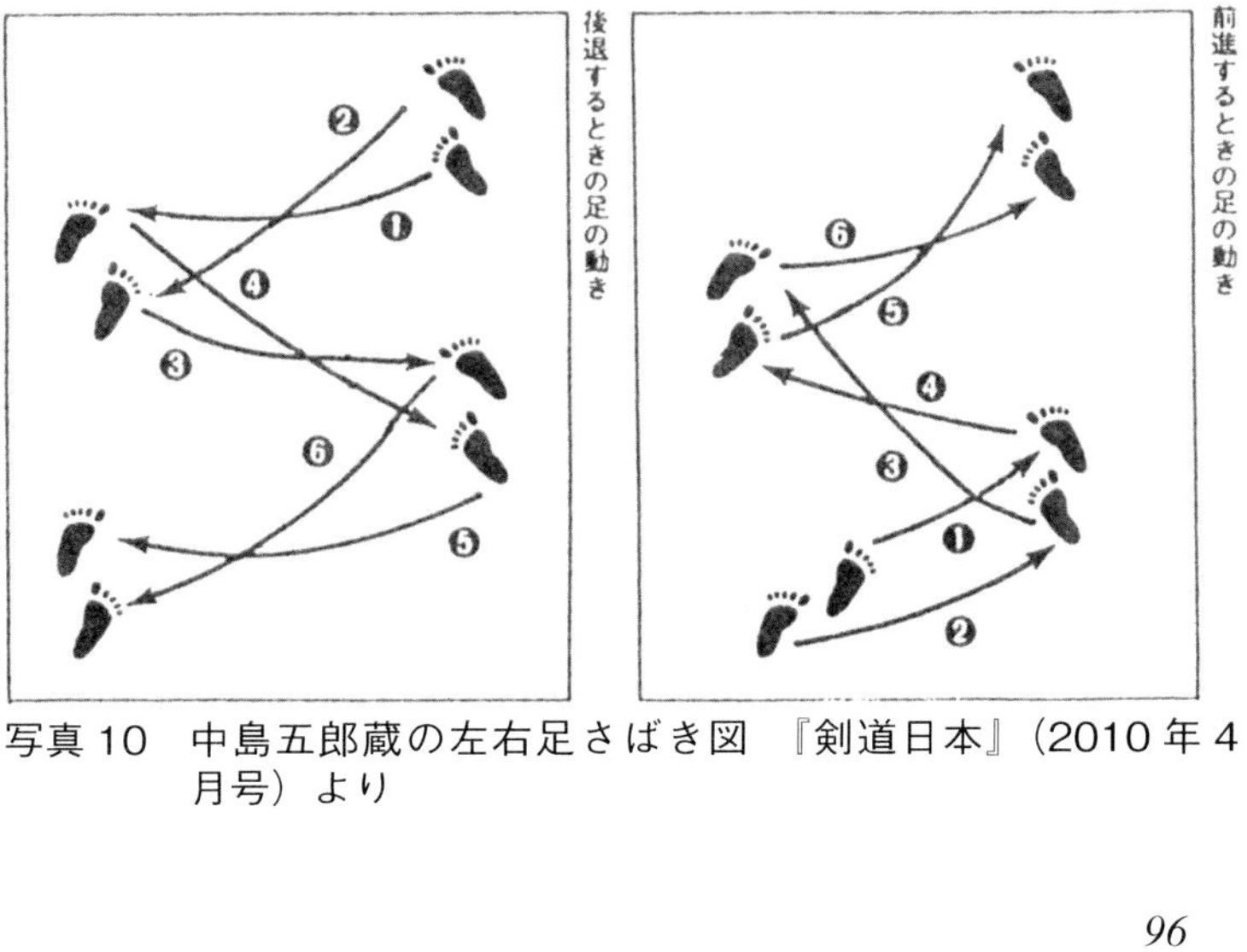

写真10　中島五郎蔵の左右足さばき図　『剣道日本』（2010年4月号）より

7　現代剣道でも一部で継承されている有信館剣道の足さばき

こうした有信館剣道の左右の歩み足による切り返しについて、信道館道場七五三掛（しめかけ）保夫館長[96]は左記伝えている。[97]

「中山博道先生はいつも道場にいらっしゃいました。相手を選ばず、懸かっていった者に対しては必ずしっかり受けてくださり私もよく懸かりました。先生は、足も手も自由闊達に動かし、当時の印象

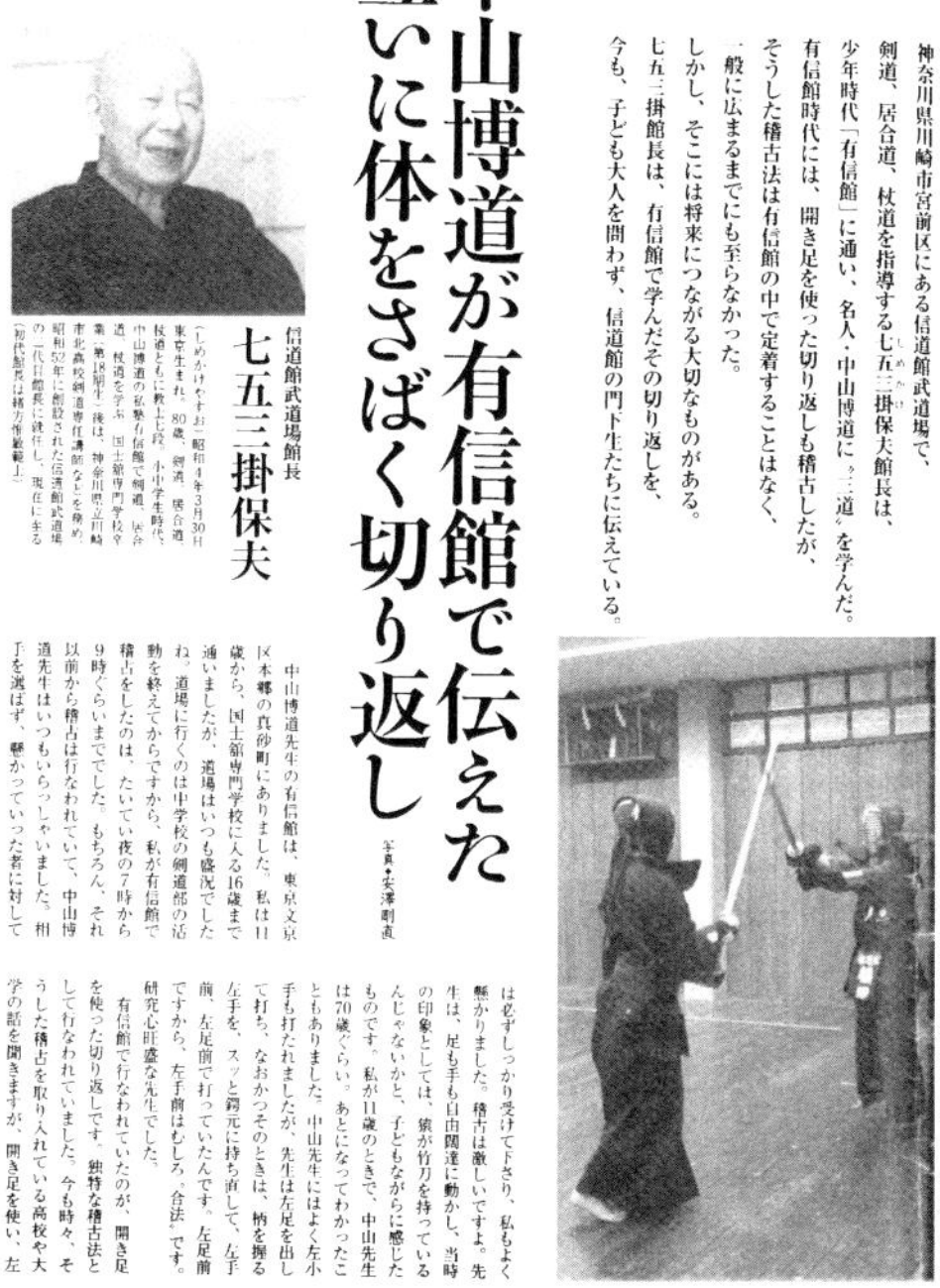

中山博道が有信館で伝えた互いに体をさばく切り返し

写真●安澤剛直

神奈川県川崎市宮前区にある信道館武道場で、剣道、居合道、杖道を指導する七五三掛《しめかけ》保夫館長は、少年時代「有信館」に通い、名人・中山博道に"三道"を学んだ。有信館時代には、開き足を使った切り返しも稽古したが、そうした稽古法は有信館の中で定着することはなく、一般に広まるまでにも至らなかった。しかし、そこには将来につながる大切なものがある。七五三掛館長は、有信館で学んだその切り返しを、今も、子ども大人を問わず、信道館の門下生たちに伝えている。

信道館武道場館長
七五三掛保夫
（しめかけやすお）昭和4年3月30日東京生まれ。80歳。剣道、居合道、杖道ともに教士七段。小中学生時代、中山博道の私塾有信館で剣道、居合道、杖道を学ぶ。国士舘専門学校卒業（第18期生）後は、神奈川県立川崎市北高校剣道専任講師などを務め、昭和52年に創設された信道館武道場の二代目館長に就任し、現在に至る（初代館長は緒方惟敏範士）

中山博道先生の有信館は、東京文京区本郷の真砂町にありました。私は11歳から、国士舘専門学校に入る16歳まで通いましたが、道場はいつも盛況でしたね。道場に行くのは中学校の剣道部の活動を終えてからですから、私が有信館で稽古をしたのは、たいてい夜の7時から9時ぐらいまででした。もちろん、それ以前から稽古は行なわれていて、中山博道先生はいつもいらっしゃいました。相手を選ばず、懸かっていった者に対しては必ずしっかり受けて下さり、私もよく懸かりました。稽古は激しいですよ。先生は、足も手も自由闊達に動かし、当時の印象としては、猿が竹刀を持っているんじゃないかと、子どもながらに感じたものです。私が11歳のときで、中山先生は70歳ぐらい。あとになってわかったこともありました。中山先生にはよく左小手も打たれましたが、先生は左足を出して打ち、なおかつそのときは、柄を握る左手を、スッと鍔元に持ち直して、左手前、左足前で打っていたんです。左足前ですから、左手前はむしろ"合法"です。研究心旺盛な先生でした。

有信館で行なわれていたのが、開き足を使った切り返しです。独特な稽古法として行なわれていました。今も時々、そうした稽古を取り入れている高校や大学の話を聞きますが、開き足を使い、左

写真11　中山博道伝承の左右切り返し（剣道日本　2010年4月号）

96　七五三掛（しめかけ）保夫信道館道場館長士七段昭和4年生、小中学校時代有信館で中山博道の指導を受ける。国士館専門学校卒

97　（2010年4月号）『剣道日本』、スキージャーナル社　p33－p35

としては、猿が竹刀を持っているじゃないかと、子供ながらに感じたものです。私が11歳のとき、中山先生は70歳ぐらい。あとになってわかったこともありました。中山先生は左小手も打たれましたが、**先生は左足を出して打ち、なおかつそのときは柄を握る左手をすっと鍔元に持ち直して、左手前、左足前で打っていたんです。左足前ですから、左手前はむしろ〝合法〟です。研究心旺盛な先生でした。**有信館で行われていたのが、開き足を使った切り返しです。独特な稽古法として行われていました。今も時々、そうした稽古を取り入れている高校や大学の話を聞きますが、開き足を使い、左右に動きながら面を打つ、という動きは技術的にはかなり難しく、なかなか正しくできません。確かに有信館でもこの切り返しは行われましたが、必ず行うというような定着のしかたはしていませんでした。有信館には、羽賀準一、中倉清、中島五郎蔵、山本忠次郎、檀崎友彰……と猛者がそろい、そもそもかしこまった雰囲気の道場ではありませんでしたからね。**おそらく中山博道先生の師匠である、根岸信五郎先生から伝わった稽古方法と思いますが開き足の切り返しを順序だてた指導で規則的に行うということはなく、大事と知りつつも、定着するには至らなかったのでしょう**」

次頁写真12は『剣道日本』が伝える信道館道場の左右切り返しである。

特集◎切り返し大解剖

「相懸かり」と称す開き足を使った切り返し

正面を打ち、その後、開き足で切り返しを行なう。元立ちも開き足を使い、面を打たせず、しっかりと竹刀で受けることから相懸かりとなる。最後は正面打ちで締める

足さばき

前後左右の足さばきは、中心に戻ることが大事。前→中→後→中→右→中→左→中と進む

直接面を打つ開き足の切り返し

切り返しの稽古も、段階的に進める信道館。丁寧な指導は、それだけやるべきことも増え、だから大人でも地稽古の時間はほとんどない。開き足の切り返しも、まず直接打つことから

開き足の素振り

開き足は、引きつけた足が流れてしまわないように注意。素振り稽古でしっかり覚えたい

踏み込み足

足を大きく上げて踏み込むのは、小川忠太郎範士の教え。足を思い切って上げることで、振りの充実にもつながっている

直接面を打つ互いに開き足を使った切り返し

掛かる側が開き足で切り返しを行なうのに対し、元立ちも開き足を使って受けていく。元立ちが、竹刀で受けず、まだ直接面を打たせているのがこの段階

元立ちは普通に下がります。次いで元立ちも、掛かり手同様に開き足で下がりますが、このときも直接面を打たせます。開き足を使いながら下がるのは難しく、とくに間合をうまく計るのが容易ではありません。最後が、元立ちが面を打たせるのでなく竹刀で受けるパターンです。この稽古を「相懸《あいが》かり」と称しています。

私は竹刀で観念的に「切れる」とか「切れない」と表現するのは好きではありません。宮本武蔵も『五輪書』で「切る」という表現を使わず「打つ」を用いています。打つという練習をしっかりと積み重ねれば、自然と刀なら切ることにつながっていくはずです。「相懸かり」のとき、互いの竹刀が滑ってしまえば、刃が立っていないことの証。切るにはつながらない打ち方です。そもそも切り返し自体、元立ちも正しく竹刀を操作することが求められています。観念で丸め込むのではなく、「切る」につながる正しい打ち方を会得するという効果が、この相懸かりにはあると思うのです。

たとえ子どもであっても正確な「打ち」を求めていけば、将来、居合道や杖道に取り組むような場合に、「刃筋」「体さばき」という難題をも自然に受け入れられるような気がしています。中山先生は、よく「弟子は自分にとって師でもある」とおっしゃっていました。信道館での後進の育成でも、動作一つひとつを正しく伝えていくことの中から得られる新たな発見は、確かにあるものです。

写真 12　信道館道場左右切り返し　『剣道日本』（2010 年 4 月号）

8　戦後の現代剣道における足さばきの変化

戦前、有信館剣道が推奨していた、左右斜めへの開き足、摺り足による踏み込み足が、戦後に力とスピードの剣道にシフトしていくに従い、これまでの言説のとおり前後の動きによる飛び込み足（摺り足による踏み込み足が変じて）によって押し流されつつあるといっても過言ではないと思う。有信館剣道の足さばきと比較する上で、現代剣道で教える踏みこみ足の技術説明を左記紹介したい。踵の踏み込み、蹴りで前進をはかり、足の筋力で限りなく重心はぶれないようにというものである。奥村基生の『剣道日本』[98]より、左記写真13とともに解説を紹介したい。

「下記のイラストで示しているようにカカトが床に着いたような状態から跳ぼうとするとき、必ずカカトはわずかに一度さがることになります。ということは、カカトが床に着いたような状

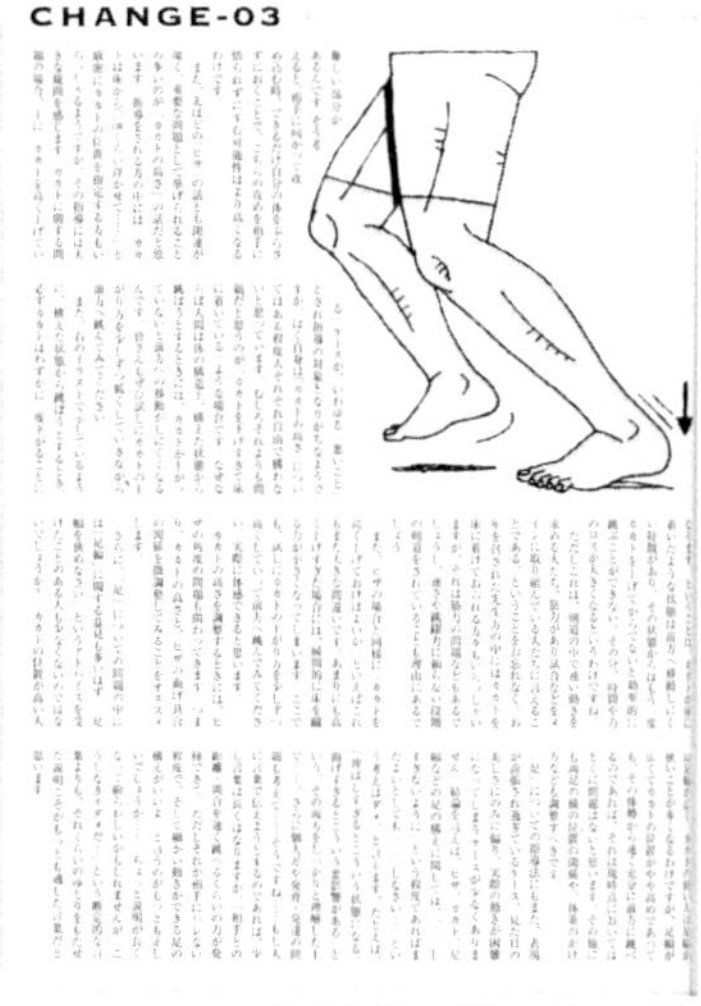
CHANGE-03

写真13　現代剣道の踏み込み解説　『剣道日本』（2009年6月号）

98　奥村基生（2009）『剣道日本』スキージャーナル社　p72－p73

態は前方へ移動しにくい特徴があり、その状態からはもう一度カカトを上げてからでないと効率的に跳ぶことができない。その分、時間や力のロスが大きくなるというわけですね。ただし、これは、剣道の中で速い動きを求める人たち、筋力があり試合などをメインに取り組んでいる人たちにいえることである、ということをお忘れなく。お年を召された先生方の中にはカカトを床に着けておられる方々もいらっしゃいますが、それは筋力の問題もあるでしょうし、速さや跳躍力に頼らない段階の剣道をされていることも理由にあるでしょう」

奥村基生は『剣道日本』[99]でさらに解説が続く。

「強い選手であっても、動くと重心の位置などが変わって、バランスも変わります。しかし、強い選手は、バランスの変化を小さくし、バランスを戻す能力に長けていると考えられます。たとえば、動いているときに、動いた後に、バランスを一定に保つ、あるいは、バランスを戻すような能力です。また、バランスが崩れたとしても、高い筋

99　奥村基生（2009）『剣道日本』、スキージャーナル社　p73

力によって動くことができるのも事実でしょう。」

前述は、筋力によって重心維持をはかりながら、まさにスピードと力で攻める現代剣道の足さばきをよく説明していると思われる。さらに、大塚忠義は自書で、こうした「踏み込み足」を竹刀剣道の一般化に伴う合理的かつ自然な技術変化としてとらえている。

『日本剣道の歴史』[100]

「第4に、第3の「押し切り」を上肢上腕の操作技術とするならば、下体下肢技術変化として「踏み込み足」の技術的承認をあげることができる。踏み込み足は、技術的実践としては早くからあり、俊敏な身体の移動を保障していたにもかかわらず、時には刀法の観点から「船の上だったらどうする」[101]とか、「本当のことはできない」とか「形の如くピタリと止まること」などといわれることがあった。しかし、踏み込み足に伴う足捌きや体裁も、昭和初期に技術学的に解説され、指導上でも特別に方法化されるよ

100　大塚忠義（1995）『日本剣道の歴史』、窓社　p194
101　第Ⅲ章第3節(2)の戦前、戦後における中山博道自身の足さばきについての主張を参照

うになるのであった。また、格闘的な鍔ぜりあいや足がらみが勝負方法からなくなることによっても思い切った踏み込み足ができるようになることも大きな変化である。そのことよって相手の後方への「つき抜け」を可能にし、ますます踏み込み足は洗練されていったのである」

中山博道の主張する足さばきに真っ向から対立する大塚忠義の主張と比較するとたいへん興味深い。実戦性を競技スポーツに活かしながら竹刀剣道に奥行きを求めるかあるいは実戦性を拭い去り競技スポーツに徹するのかといった違いと思える。

(3) 呼吸

間合いを攻めるしかけのひとつに、呼吸を活用して相手を崩すというのがある。ひとつは、息を吸うタイミングで間合いをつめるというのがある。もうひとつは、息を止めるか吐くかして相手を威圧して崩していくかの2通りあるといわれている。有信館剣道は前者を活用しているのではないかと関連の言説資料から推測される。呼吸の考察には深い洞察と研究が必要で結論づけるのはむずかしいと思われるが、有信館剣道の吸気活用をサポートする資料を取り出してみた。なお、柳生但馬守宗矩『兵法家伝書』[102]、宮本武蔵『五輪書』[103]で伝えられている〝懸待一致〟というのは、攻めの中に待ちをいれ、相手を誘いこむ攻め方ともいわれており、有信館剣道のこうした間合いを攻めるしかけとも共通性があるのではと想像するのも興味あるところである。

要約すると、有信館剣道は、相手に隙を見せる構え（吸気の活用）で相手の呼吸を誘導して相手に打たせるようにもっていき、さらには左右開き足による相手の斜め側面から攻め、攻撃のタイミングをはかるというかなり実戦的な術理といえるのではないか。具体的な言説を左記のとおり紹介したい。

1　相手に隙を見せる構え（呼吸をからめて）

『中山博道剣道虎の巻』[104]では「攻撃には、相手の剣が打ちか突きを見極めながら、相手に

102　柳生宗矩著・渡辺一郎校注（1985）『兵法家伝書』、岩波書店　p87－p89
103　宮本武蔵著・渡辺一郎校注（1985）『五輪書』、岩波書店　p82－p84
104　前書『中山博道剣道虎の巻』　p245－p287

打たせるよう間合いに進入し、相手の起こりをとらえる。対手の呼吸をのむようにして攻め込む。」と語られている。また『剣道日本』[105]では中村藤雄は、呼吸について次のようにわかりやすく語る。吸気も含めたなだらかな呼吸扱いによるものと理解したい。

「かっての先生方は、「剣道の攻めというのは打とうとしていることを悟られるのはだめだ」と言われました。今は相手を打とうと攻撃することばかり考える剣道が多いですが、昔の先生方は「さあ、いらっしゃい」「どこからでも切ってこい」という余裕を持って相手と対しました。「打つぞ、打つぞ」と攻めることばかり考えていれば相手も打ってはきません。我を捨てて、「どこからでもこい」とばかりに体を隙だらけに見せれば、相手は打ってきます。そこを応じて打つのです。もちろん、そうした先生方は、相手がどこに打ってきても対応できるだけの技を持っていて、胴技にしても絶妙でした」

一方、対照的なのは、現代剣道を代表する千葉仁範士八段元警視庁主席師範（全日本剣道選手権3回優勝）が呼吸扱いを語っている。「間合いに入り攻撃を仕掛けるときは、息を

105 中村藤雄（2017）『剣道日本』、スキージャーナル社　p57

止めるか、吐くかで打ち込む、そして、間合いをきり、呼吸を整える」というものだ。（筆者とのインタビュー）有信館剣道とは一味違った呼吸法と思う。

2　吸気について

『剣道歓談　生涯剣道を求めて』[106]には、現代剣道とは一味違った呼吸法が紹介されている。吸気の役割について興味深い洞察である。

「剣道で「仕事」をするのは息を吐くときでしょう。息を吐くとき、あるいは止めたときは虚、つまり隙とみなされる。けれども、この腹式呼吸が自然にできるようになったら、隙が無くなるんです。これにはヒントとなったことがあります。早稲田大学の安藤宏三先生にうかがったんですが、ウエイトリフティングでバーベルを上げるとき、私は息を止めてあげるんじゃろうと思うとったのが、実はそうじゃなかった。あれは息を吸いながらだそうです。そこで考えました。剣道でも息を吸いながら、まあ打ちは出来んとしても相手の攻めにのりだすことはできるだろう。そうすれば隙がど

106　石原忠美・岡村忠典（2007）『剣道歓談　生涯剣道を求めて』、体育とスポーツ出版社　p86－p87

こにもなくなるはずだ、こう考えたんです」

さらに、吸気ということに関連して次の解説も付記したい。恵土孝吉は『剣道の科学的上達法』[107]で、芝山秀太郎博士（明治生命体力医学研究所）の次のような説を紹介している。

「意識して技をしかけたときは、吐く気になっており、無意識な動作呼吸は、吸う気になっている。全力を出すときや瞬間的な力を求めたときその規則性がこわれ全部息を吸ったとき」

吸気に関連して次のような話を紹介したい。即ち筆者の剣友で七段の剣士がいる。彼は心臓に病があり、治療しながら稽古を継続している。現代剣道でいわれる呼吸を止めてあるいは、吐きながら間合いに入っていくと心臓がきつくなるので、吸いながら間合いを攻めていくのが、からだは楽だし、打ち込みやすいと断言している。また、呼吸に関

107　恵土孝吉（2009）『剣道の科学的上達法』、スキージャーナル社（剣道日本）p40-p46

連して次を参考としたい。『日本武術神妙記』[108]に高田三之丞（柳生兵庫介利厳の高弟）の左記の興味ある話が紹介されている。

「いつものとおり三之丞は手をちぢめ、袖口元へひきつけて、小刀をたてに持ってでたが、するするとしかけ、「おいとおしや」というより早く眉間を打ったので先方では切り出すこともできなかった、二本目するするとしこむと小を捨てて取って投げ、三本目も手もなく勝った。この「おいとおしや」という掛け声は三之丞のくせであったそうである」（近松茂矩著「昔話」）

「おいとおしや」の掛け声は、愛してますといったニュアンスかとも思われる。愛してますといった気分のときは、息を吸った、相手をのみ込んだ状態に近い、即ち身体の力が抜けている状態ともいえるのではないかと想像する。通常、気合いを入れていけといって身体をこわばらせていく状態とはかなり違うのである。

こうしてみていくと、有信館剣道の間合いを崩す攻めのひとつとして相手との関係に

108 中里介山（1985）『日本武術神妙記』、河出文庫 p154

おいて吸気ということがキーワードではないかと想像できる。

（4）虚実＝強弱

1　中山博道の虚実

『日本警察新聞』[109]に、中山博道は虚実について次のような記述をしている。

「……前略……お話が前後するようでありますが、技に一寸虚実と云ふ事に付いて申うしておきます、虚実と申しますと、通例多くは業前に属する様に考えまして、即ち甲手と見せて面を打ち、面と見せて甲手を打つ、また殊更に隙を見せて敵を誘引して之を打つ、というようなものを云ひますが、是は未だ以って正当を欠いているものでありあります。若しかくの如き事を以って、虚実なりと考へるときは、気合いなどは全く会得し能わぬ事となります。斯かる業は必ず慎まなくてはなりません。抑抑虚実と申す事は一段高尚の域に至りますと、単に外形のもの即ち業前にのみ属する末技ではなく、矢張り心の働きに属する事で、即ち心の動きが、機に臨みときに応じて千変万化

109　『日本警察新聞』（1932（昭和7）年5月1日号）（剣道講話六）

する、その刹那に我が実は虚に化し、敵の虚が実に変する処あって、所謂虚々実々、玄妙不思議なので斯の如き彼我の虚実をして、我に利あらしむるのは何でありますかと申しますと、それが即ち気合いで、無念無想の中に、感応の作用を為すもので、斯かる域に達して始めて気合いが有効となり、其の妙を得たると申して宜しからうと存じます」

『中山博道虎の巻』[110]でも、次のような説明になる。

「虚を攻めよ。虚とは出又は引きに於ける対手の心の移りであって、それを良く見る事大切。よって切られ急ぎをしないことこそ虚実の相なり」

虚実とは表面の技のみかけで相手を誘うと理解されやすいが、むしろここでは相手の内面の心の動きが変化するといったところをとらえる理と了解したい。これは、宮本武蔵の『兵法三十五箇条』[111]で記述されている「陰を押ゆるという云事」にもつながっている

110　前書『中山博道剣道虎の巻』p245-p287

111　宮本武蔵著・渡辺一郎校中（1985）『五輪書』『兵法三十五箇条』、岩波書店　p148

のではないかと考えるのも興味深い。

２　中倉清の虚実

次に中倉清の虚実による攻めかたを紹介したい。中山尚夫『中倉清語録[112]』では左記の通り伝えている。

「このフェードアウト（溶暗技法）を思わしめる技法は、中倉清範士の技の中にも多々見いだされるところである。いわゆる先生が、柳に風と言われた技の数々が、このフェードアウトの理論に合致したものではないだろうか。**先生と剣尖を合わせていただいているとぐぐっとせめてこられて、次にふわっとつっかい棒をはずされたように剣尖が移動する。**それにつられて必然的に当方の剣尖がそちらに移動して剣尖がはずれた瞬間、角度をとりながら、あらゆる打ちが放たれていうというわけである」

このふわっとつっかい棒をはずす技は、筆者もなんどもかけられたことがある。ぐっ

112　中山尚夫（１９８８）『名剣士中倉清範士語録』、長瀬印刷所　p59

と攻められて呼吸を止めたところを、気持ちを外されて相手の吸う呼吸にあわせてこちらも吸う気分となり心も体も動かされたのでは思っている。その瞬間、打たれるとわかっていながらもふせぎようがない。有信館剣道の〝虚実〟のとらえ方の特徴は、表面的に表れる相手の隙を窺うというよりも、相手の心の働きにからめてくるもののように思える。心の変化、虚から実、実から虚に動くところをとらえるという独特なものがある。『中倉清書きとめノート』では次のようになる。

「実と虚へ、虚から実へ変化するところを攻める。今でなくて、いとまの間」

また、中倉清に長く稽古をお願いしていた実力派の剣士たちから聴取した話をまとめると、技をおさえてくるのではなくて、心（しん）を抑えられてしまうという言葉がよく聞かれるのが印象的である。

神道無念流剣術を今に伝える小川武[113]『神道無念流剣術著述』[114]中には、中倉清の竹刀さばきをみて、次のように語る。

「一刀流は虚実、神道無念流は実、実と攻める。高野佐三郎先生は面と見せて小手に行く、小手と見せて面に行く、胴と見せて面に行くように、虚実を発揮するのが一刀流だといわれる。その点、神道無念流は正直でありまして、進められるとそのまま受け入れてしまう。それだけに実、実で行くから初めの攻めというものには控えの業を持っておかねばなりません、これは相手の虚の裏を考えて実に結び付けていくことです。中倉清先生は、神道無念流有信館剣道の異質の弟子で、元々虚実に長けた素質をお持ちになっていたのだろうと思いますが、普通のタイミングの打突は一拍子ですが、中倉先生の打突の攻めは一拍子半で相手の動きを狂わせていました。そのような相手と違う動きを勝負師としての心を持っておられ、強さをほしいままにされたのは

113　小川武　日本古武道協会理事　神道無念流関東派五代、中山博道の子息善道が書き残した秘伝書をもとに、今に神道無念流剣術の術理を伝える。（昭和43年国士舘大剣道部卒、元日本武道館勤務）

114　前書小川武著『神道無念流剣術著述』（非売品）

よく知られているところである。しかしながら、かなり打突時に体形を無理されているように見えるので打突部位が決まっている現代剣道ならいざ知らず、体全体が攻撃目標の剣術では問題があるように思えます」

まさに、一刀流系と有信館剣道の虚実の違いを言い当てており、加えて競技スポーツ化した現代剣道での中倉清の術理、立ち位置を指摘しているとも思える貴重な記述である。

虚実に関連して、中里介山『日本武術神妙記』[115]にも、やはり虚実について具体的な記述がある。わかりやすい話なので左記引用したい。

「ここには一つの所存がござります、かかる場合に普通敵が倒れたのを起こしも立てずに斬ろうといたしまする故に我が身を忘れて却ってこちらが斬られて、倒れた方が勝ちとなるものでござります、倒れようには虚と実とがござりまして、吉岡が倒れたのは虚でございました、たといまた実に倒れたといたしましても、容易く斬られる男

115　前書中里介山『日本武術神妙記』、河出文庫　p106

ではございません、倒れたときは身を防ぐことに気を取られて虚のように見えますけれども近寄らば斬ろうする心持は実でございます、虚にも実にも倒れた者の起き上がらぬということはございません、その起き上がりまする瞬間は身を防ぎ敵を斬り払わんとする心が虚になりますので、そこを打って容易く斬り止めました」

3　他流の虚実

他流（一刀流、高等師範系の剣道）における代表的な例として、高野佐三郎『剣道』[116]では虚実を次のように述べている。

「実といふは、敵の精神気力充実し注意の行き届けることをいひ、虚といふは、然らざらんをいふ。敵の元気盛んにして只一撃と我が面に撃ち来るに我も劣らじと敵の面に撃込むは実に対する実を以てし、所謂互いに石を打合はすものにして、相撃となるの外なし。敵が面に撃ち来らば之を摺り上げ又は引き外して其実を避け虚になれる胴へ撃ち入れば見事なる勝を得可し」

116 前書高野佐三郎（1915（大正4）年）『剣道』、良書普及会　p233-p234

同じく一刀流・高等師範系の中野八十二『剣道上達の秘訣』[117]では次のような記述がある。有信館剣道の虚実についての表現とは違いがあるように思える。

「構えの実と虚があり、虚を攻める。」

もうひとり、野間恒[118]『剣道読本』[119]では、野間恒は次のように語っている。

「試合の極意は、勝ちやすきに勝つということであります。最も労少なくし多き方法をとることであります。すなわち、実を避けて虚を打つということであり、虚を以って誘い、実を以って打つということであります」

117　中野八十二（1985）『剣道上達の秘訣』、体育とスポーツ出版社　p172

118　野間恒　講談社創業者野間清治の長男、戦前活躍した剣士

119　野間恒（1976）『剣道読本』講談社　p158-p159

(5) その他（打突における握り）

その他技法についても有信館剣道と現代剣道では違いが見られる点がある。「相手を攻める」技の範疇ではないが、竹刀の打ち方について特徴的な違いを左記紹介したい。

1　茶巾しぼり

中山尚夫『中倉清範士語録』[120]では、中山博道伝授の秘伝を中倉清が左記伝えている。

「中山博道先生がいわれたこの押手、引手とは実はいまいったような掌中の働きを言うのです。つまり茶巾しぼりのように、真直ぐびしっと両手を正中に伸ばす手の内の作用をいうのです」

筆者も、よくこの茶巾しぼりは聞いており、雑巾しぼりだと手前にしぼってしまうと中倉清範士から教えられた。これは、他流でも教えられている内容と思うが、現代剣道とはかなり違いがある。その現代剣道の代表的な竹刀の操作について、比較の意味で次

120 前書中山尚夫（1988）『名剣士中倉清範士語録』、長瀬印刷所 p5

の引用を参照願いたい。

2　手首のコック

戦後の現代剣道を代表する選手の一人伊保清次（大正9年生範士八段東京高等師範卒、第9回全日本選手権優勝）の説明する竹刀の扱い法も興味深い。有信館剣道のとは違いがあり、興味深い。[121]

「コックというのは、竹刀を持った手首を瞬時に曲げることで、打つ寸前にはコックを解いて伸ばします」

この打法は、元警視庁主席師範千葉仁八段（全日本選手権優勝3回）からも同様の説明を聴取したことがあり、やはり日本刀の操作から伝わっている有信館剣道における竹刀の扱い方の違いではと思える。

121　伊保清次（1982）『新・剣道上達講座』、スキージャーナル社（剣道日本）p15-p19

こぼれ話⑩「氣」

あるとき、中倉先生から〝氣〟と書かれた書をいただいた。そのとき、先生はぽつりと「人間はこの〝氣〟というのが大事」とおっしゃった。それをお聞きしたときに、「そうか人生は気合いだ」と実に単純に思い込んだ。いただいた書を部屋に飾り、仕事に剣道に励んでいた。

しかし、還暦を過ぎて力とスピードに衰えを感じるようになってからは、気合ももちろん大切だが、先生がおっしゃっていた「〝氣〟というのが大事」という言葉の本当の意味が少しずつ身に沁み始めてきた。そのような時期に仕事の関係で新聞記者の取材に応じて、自分の趣味である剣道修行について話をしたことがある。そのおり〝氣〟について触れさせていただいた。掲載内容の骨子は次のとおり。

先生は常々「無敗の秘密は楽しく剣を交わすこと」とおっしゃっていた。つまり体を流れる〝気〟という前向きなエネルギーをもって臨むのが重要と最近になってわかってきた。前向きな取り組みが大事なのは企業経営も同じだ。法人もひとりの人と捉えれば、会社の支柱である私が常に前向きなら社内の雰囲気も高まる。

『日刊工業新聞』（２０１４、平成26年4月4日）

筆者所蔵品
中倉清範士の書

第4節　「相手を攻める技」における有信館剣道と現代剣道の技の比較

「相手を攻める技」における、本論でこれまで見てきた有信館剣道の特徴と、一刀流の流れをくみながらもそこからも変化して力とスピードにシフトしていったといわれる戦後、とりわけ最近の若い方々の剣道の主な特徴をおおまかに左記列挙して、比較してみたい。ちなみに、本論では、力とスピードにシフトしていった最近の剣道の生い立ち、背景を探ることが目的ではなく、単に、有信館剣道の特徴を明らかにするために列挙するものである。

表5（「相手を攻める技」における有信館剣道と現代剣道の技の比較）

	有信館剣道	最近の剣道
構えの方向性	相手の角を攻める	正面を攻める
足さばき	歩み足、左右開き足	一足一刀
	踏み込み足	飛び込み足
間合いの攻防における呼吸	吸う	吐く、止める
虚実の問題	虚から実、実から虚への変化を打て	自分のタイミングで虚を打て

こぼれ話⑪「満開の桜」

中倉先生に「試合や稽古のとき緊張してしまうのですが、心持ちはどのようにしたらいいのですか」とお聞きしたことがある。先生は、「満開の桜並木を歩くとき、明るく楽しい気持ちになるでしょう。その気持ちでお腹に軽く力を入れればいい」とおっしゃった。「そうか、そんな簡単なことか」と思いつつもなかなかそうはいかず、とりわけ試合のときなどはいつも忘れてしまっている。

満開の桜の季節になるといつも先生のそのお言葉を思い出す。

第5節　現代剣道の技術的変化

(1)　現代剣道に対するさまざまな技術的コメント（史料より）

戦前の有信館剣道のこれまで前述した術理は消えつつある。また一刀流系の一足一刀の相手の手元を崩していく術理も、力とスピードの画一的な剣道に押されてきているといわれている。相手の虚実をはかることも少なくなり自分の打ちたいときに打突し、あとは防御から間合いに入っていくという剣道が目立ってきているといわれている。その結果、勝負がなかなか決着つかず、学生の試合では延長戦が多くなっているのが目に付く。試合制限時間では決着がつかず、延長戦での勝敗決着が40％も超えている学生の大会もみられる。ちなみに戦後、剣道が復活したころの全日本選手権大会、全日本東西対抗選手権大会では、制限時間内の二本勝ちが圧倒的に多かった。繰り返しになるが相手の体、心を崩してもいない状態で一方的に自分の打ちたいタイミングで打突するケースが多くみられる。こうした問題に立ち入ることが本論の目的ではないが参考までに、有信館剣道についての理解を深めるため、最近の試合傾向をコメントする中倉清はじめほかの剣道家の言説を引用してみたい。

中倉清は、1996（平成8）年11月の全日本剣道選手権を観戦して次のように語っている。

「全日本選手権……中略……また、この大会でも一本勝ち、あるいは延長戦ばかり目立っていた。三本勝負だからぼくたちの時代には二本取るまでは勝ちにはならないと攻撃あるのみであった。今回の63試合中で二本取ったのは、数えてみると十試合ほどだった。これでは会場から興奮を伝える拍手も少ないわけだ。なんとかならないものだろうか」『中倉清先生日記抄[122]』

波多野登志夫教士八段も次のように語る[123]。

「八段やある程度強い七段の方であれば、しかけをしているというのが見えるのですが、ほとんどの人は（自分は）打たれないで（相手を）打とうという剣道ばかり。自分から打つことしか頭にありません。そうした手続きを踏まない、スピード任せの剣道を続け

122　中倉清（2003）『中倉清先生日記抄』平成8年11月6日　一橋大学、中央大学、防衛医大剣友会　p46
123　波多野登志夫（2016）『剣道日本』、スキージャーナル社　p18

ているともろさがでます」

中野八十二[124]も次のように語る。

「今の剣道と昔の我々が若いころやっていた剣道と比較すると、昔の場合は、どちらかというと相手と対したときに、相手の竹刀を殺したり、技の殺し合いをして試合をしている。ところが、今の人たちは、姿勢はいいが、ただ、トーン、トーンと単純に技をやりとりしている。また、間合いだけで剣道を行うものがいる。相手を打つためには、間に入らなければいけないが、遠くの方から飛んで行っても、打たれてしまう。やはり、打ち間というのがあるのだから、相手を攻めて打ち間に入ってゆく技の研究がなければならない」

『剣道上達の秘訣』

伊保清次（昭和36年全日本選手権優勝者）もまた次のように語っている。

124 中野八十二（1985）『剣道上達の秘訣』p132

「剣道の妙味は、触刃から交刃の間となるところで交わされる互いの気の攻防応酬、そこで負けたものが無謀に飛び出す、攻め勝った方は、その先を打つ、応じる、すりあげるということになるのですが、そういうところがまるでない」

木寺英史『日本刀を超えて』[125]

こうした叙述から見えることは、いわゆる幕末の江戸剣術の流れを汲み竹刀剣道にも溶け込まして来た有信館剣道や一刀流系の剣道からも、現代剣道は技術的にも距離を置きつつあるように思えてならない。

125　木寺英史（2014）『日本刀を超えて』、スキージャーナル社　p60

こぼれ話⑫「竹刀」

中倉先生は、秋の大会、審査会シーズンの週末には、そちらでのお役目があり、大学での指導にいらっしゃることが少なくなる。ある土曜日のこと、大学に稽古に行ったら、学生から「先週土曜日、中倉先生が稽古に来てくださった」と報告があった。ご多用で大学にはいらっしゃらないと思っていたが、先週いらっしゃったのだったら、稽古をお願いできず残念だったと思い、その翌週の土曜日もひょっとしたらお会いできるかもしれないと期待して大学に出かけた。

その土曜日は幸運にも先生もいらっしゃっていて、私の顔をご覧になるなり、ロッカーから当時出回り始めたカーボン竹刀に、先生のお名前が刻印されているのを取り出してこられて「君にあげようと思って持ってきた。具合がよかったら使ってみて」とおっしゃって、さりげなく渡してくださった。私がときおり土曜日に稽古に伺うのをご存じで、ご多用の中、先々週、大学にいらしたときに、わざわざご持参くださっていたということがそこはかとなく伝わってきた。

その翌週以降しばらくは、土曜日に先生にお目にかかることはなかった。

第6節　有信館剣道の稽古

(1)　技（業）と心（理）の関係

1　根岸信五郎の教え

その2つの関係はたいへんはっきりしており、技が優先的にとらえられている。とりわけ、実戦的な術理から普及してきたといわれる有信館剣道にはその特徴がよく出ている。根岸信五郎の『撃剣指南』[126]には、その点、実戦性の優先が明快に記述されている。

「理より入るか、術より入るか、いずれかを先にするのが宜しいのかという問題は古今の斯道家各々意見を異にしておりまして。……中略……私は先ず後説、即ち術より入るという説に従う者であります。その理由は、従来理と云うものは条理であり、条理とは物に譬えると恰も木材の木理のようなもので、材木があって始めて木理があり木材がなかったならば何によって木理が生じましょうか。」

126　前書中山尚夫編纂根岸信五郎著（1884）『撃剣指南』、第八気合、第十気位　p13-p14

更に、根岸信五郎は、術の優先性を明快に主張している。[127]

「要するに敵の巧む所己に響きたれば、これを己の技術に任すべし」

このように、根岸信五郎には、ロジカル、冷静な感性と修練の結果を感じる。やはり有信館剣道の実戦性から来る由縁ではなかろうかと思う。更に、根岸信五郎は、『剣道講話録』[128]でも同様に技即ち術より入り、心、即ち理に入るものと説く。

「また、その術を先にすべしという説に従えば、凡そ無形の理は有形の術より生ずるものであるから術を離れて理というものは無いので理とは畢竟術の中にあることである」

127　前書中山尚夫編纂根岸信五郎著（1884）『撃剣指南』p69

128　大村唯次監修根岸信五郎著（1989）剣道講話録『幽芳録』収、第十章香山会出版、（剣道講話録は中山博道が昭和17年　根岸信五郎が東京高等師範等で講義した原稿をまとめたものといわれている。）p54－p56

ちなみに、前書『幽芳録』[129]に収められている「神道無念流の訓え」では、禅と剣の死生に臨んでの修行の違いを明確に看破している。

「剣は死生の境に臨んで、死生を眼中に置かざるを以ってその妙諦とする。禅は初より心を死地に投じて、生を求めず、死を厭わない。二者共に其の極致の心境に至っては、即ち一つである」

2　中山博道の教え

『剣道手引き草』[130]では根岸信五郎の影響もあってか中山博道は、さらに徹底したことをいっている。

「この心を以て初心者は先ず業を練習して術を極め、暫を追って理に渡るような心がけが肝要である。然らずして理のみ求むるときは遂に無形上（精神）に偏して理のみ

129　前書大村唯次監修『幽芳録』p5-p6
130　大村唯次監修中山博道著（1900（昭和9）年）『剣道手引草』『幽芳録』収、香山会　p99 p106

明らかにして業之に伴わざるに至る。

不動心は禅のほうでは観心法の直指人心とか或いは教外別伝などといい参禅に依ってこれを修業するものであるが、武道においては、武技の稽古中に修得するものである。故に1回の稽古が或いは半年の参禅に勝る事がないとも限らぬほどのもので、武技の中に武道あり武道の中に武技ありといいうべきものである。技を極め、然るのちに理(心、気)に至るよう心掛けるべき。不動心なるものは禅で修行するものであるが、武道では武技の稽古中に修得、1回の稽古が1年の参禅も勝る」

梶野千萬騎『野球界』[131]で、技(業)の優先論を中山博道は展開している。少し長くなるが左記引用したい。

「聖剣　中山博道範士と語る。

また、或るときは京都嵯峨の名僧峨山禅師について、参禅したり、あらゆる方をもって、剣道の修業に努めた。(武を学ばんとすれば、技よりもまず心である。)といふのが、当

131　聖剣中山博道師範と語る(1940年11月)『野球界』、野球界社　p14

時氏の抱いていた信念だった。ところが、それから2年ほどして、ある日慶應義塾の剣道大会に出場し、意外の惨敗を招いてしまった。こんな筈はないと思って三度挑んだ。また、負けた。（何故だろう？）反省猛省したが、どうしてもその原因がつかめない。とある日、有信館へ稽古に来る剣士兼松直康氏が、氏の稽古ぶりをつくづく眺めていたが、（中山君、君は非常に熱心だが、どうも竹刀が理に落ちているね）（理に落ちる？）（剣道は理屈じゃない、技から直接心に入るのでないといかんとおもふが…。）と注意され、なにか急所を衝かれたような気がした。なるほど自分の修業は本末転倒していたと思った。悟ればさらにその深奥を究めねばやまぬ氏だ。こんどは反動的に猛烈な稽古、朝から晩までほとんど休む間もなく竹刀をとる。睡眠時間を6時間から5時間に、5時間から4時間に4時間からついに3時間までに縮めて、死に物狂いの修業をつづけた。そのわりには上達しない、それがあるとき、二松学舎で三島中州先生から陽明学の講義をきいているうちに、潤然として悟るところがあった。三島先生曰く、（精神のみ発達してその器ならざるは不平の徒のみ。これを人にたとへていへば、中斎大塩平八郎の如きである。）そうだ、今までの自分がこれだ。自分は己の技の拙さに焦燥して、悶々の日を過ごしている。まさに不平の徒だ、これは結局、剣に対する誠心が足りないのだ。迫らず、焦らず、気を静かに身に付いた修業をせねば駄目だと思った」

このように、心法を優先しがちな武道にあって、有信館剣道の特徴が実戦を優先、即ち禅の修行を優先するよりも稽古をしながら心法を修行せよと説く明快な論理が際立っている。

3　神道無念流の教え

木村高士[132]も、やはり同様なことを述べており、実戦的な同流派の特徴がよくうかがえる。

「剣の利のみを説き業を知らざるものは画餅の如し。我流利を後にして業より入らしむ。業長ずれば利自ら英気相増すなり」

神道無念流剣術（関東五代小川武）は、神道無念流の順免許[133]を授けられるときに、伝えられていることばとして左記があるという。

132　木村高士（1990）『長州藩相伝神道無念流』、新人物往来社　p106
133　前書大村唯次監修『幽芳録』に『神道無念流（順免許釈文）』収録　p11

「夫れ剣は刺戟の外なし　刺戟の変化は其の究めなく天地の如し　その変化を知らずして彼我の流儀を批判す　剣の弁ぜざる言語道断の類とす　当流は奇正変化を専一とし　あまねく諸流を渡りその華を抜き集めて大成するを旨とす　剣は理而己を説き業を知らざるものは画餅の如し当流は理を後にして業より入らしむ業長ずれば理自ずから詳しく英気相違す　英気は刺戟にして胆大ならしむ　胆大にして業塾すれば自ずから声も無く臭いもなく無心の境に至る可し」

実戦性を尊ぶ神道無念流の雰囲気が、それぞれよく伝わってくるといえる。

(2) 稽古観

1　中山博道の稽古観

中山博道『剣道手引草』[134]では、稽古をやらされるのではなくて自らやること、楽しさを意識しなければならないと説き、稽古を苦役のようには考えるなとの立場を強調している。苦役を乗り越えろといった指導ではない。戦前の剣道場から楽しい稽古というこ

134　前書大村唯次監修『幽芳録』に収録　p120

とばがでてくることも意外とも言える。

「稽古は楽しくなければならない。相手に打たれるということは理由があるのだから工夫して改良していかねばならない。それが剣道の楽しさである。

剣道を修業するのにいつも苦しい、苦しいと思ってやるようでは、決して上達しないのみならず、必ずどこかに破たんを生ずる。これはこうやればこうなる、なるほどそうだ、愉快だなあ、そう思って形を見、なるべく自己の個性を捨てるようにしていいほうにいいほうにと追及していけば、上達しない筈がない。しかるに、それを苦しい苦しいと思う、敵から攻められるのだから、苦しいかもしれないがこれを一歩踏み破ってみればそこに非常な楽しさがある」

また、七五三掛保夫（しめかけやすお）[135]は「有信館剣道には、羽賀準一、中倉清、山本忠次郎、檀崎友彰など猛者がそろい、そもそもかしこまった雰囲気の道場ではありませんでした」と伝えている。

135　七五三掛保夫（１９９４）『剣道日本』スキージャーナル社　p33－p34

また、堂本昭彦『中山博道　有信館』[136]よれば、有信館道場の雰囲気を次のようであった。

「（道場での）酒盛りの最高潮は、忠次郎[137]が幸之助に口論をふきかけ、幸之助[138]が忠次郎に応酬し、ついに忠次郎が居合刀を抜き放ち、形相を変えて幸之助に迫るというのがいつものなりゆきだった。はじめての者にとっては、たましいがひしげるほどのおそろしさだが、おおかたにとって見慣れた風景で、それというのも中山博道の「チュウやめろ」の一言で幕引きになるのをじゅうぶん承知しているからである。」

136　前書　堂本昭彦『中山博道有信館』ｐ241－ｐ242
137　山本忠次郎（後に、剣道範士　鉄道省師範、昭和9年天覧試合優勝）
138　伊東幸之助（後に、警視庁教師）

2　中倉清、羽賀準一の稽古観

中倉清は稽古のやり方について、「稽古は、明るく楽しくやられなければ上達はない。無理して何時間も稽古するのは意味がない。疲れたら休むことだ」と語っていた。筆者の個人体験からも、昭和46年の夏合宿のとき、むしょうに喉が渇いたので中倉師範に、稽古中に水を飲んでいいか（当時は、鍛錬中に水は飲まないことが常態化）とお聞きしたところ、水を飲まなければ死んでしまうぞと当時としては真逆のことをいわれ、なんと合理的と感銘したのを覚えている。

羽賀準一に指導を受けた法政大剣道部卒の卯木照邦の語りを次のように述べている。

「もちろん苦しい稽古でしたが、**羽賀先生はいわゆる根性稽古は強要しませんでした。**元立ちがいつまでも（ほれ、ほれ）とひっぱるようなことは決してしませんでした。疲れたら参りましたと申し出てすぐに呼吸を整えました。そしてつぎの稽古です」[139]

東大剣道部昭和36年卒業半田氏（10．1　2016インタビュー）、昭和38年卒業岡本氏

139　小林英雄（2014）『心を耕す剣道』、体育とスポーツ社　p108-p109

（1．24．2017インタビュー）、昭和38年卒業近藤典彦氏[140]（7．15　2017インタビュー）

羽賀準一の指導を

「羽賀先生は、学生指導で決して尊大な態度は示さなかった、それぞれの技量に合わせた指導をしてくれた。一人一人に熱い思いを寄せてくれた」と証言する。

関連して、近藤典彦[141]は羽賀準一の稽古要諦3つを左記のように伝えている。

「剣道修行に大切なことが3つある。よい師範を持つこと。昔の武芸書を読むこと。よい稽古仲間を持つこと」

(3)　修行観

1　自己内省

有信館剣道心法では、自分の内面、内なる欠点、至らぬところに気づき、それを改めて深化させていくことが剣の修行といいきる。外面的な所作ごとに重きをおくよりも内面

140　近藤典彦、小説家、石川啄木研究で有名、『最後の剣聖羽賀準一』著者

141　近藤典彦（2015）『最後の剣聖羽賀準一』同時代社　p273

をみつめ修錬して、それが楽しい修錬にもつながり、技の向上にもつながると説くのが特徴といえるのではと思う。そうした具体的な言説をみていきたい。

根岸信五郎は、まず自分の内面を修練せよと説く。

「人には各々長所があり短所もあり、……中略……唯己の長所のみを知って人を重んじないことは傲慢にして、取りも直さず人に対するの礼を失うの甚だしきもの畢竟心中に謙譲の徳が欠けていることによるのであります」[142]

また、中山博道は、内面の広がり、深まりを説く。

「常に己を空しうして人を容れ、人を怨まず、己を責めて行くということが剣道で一番大切であろうと思う。そうするとだんだん楽しい域に達することができる。無論意識を度外視するに非ず、所謂有心の無意のことなのである」[143]

142 大村唯次監修（1989）『幽芳録』（根岸信五郎剣道講話録）p24

143 大村唯次監修（1989）『幽芳録』（中山博道剣道手引草）p132

中山博道さらに深く次のように説く。

「移りやすいこころ。

人の心ほど移りやすく、散りやすいものはない。だから常にこの心を纏めてゆかねばならぬ。それには武道ほどよいものはない。武道も剣道が尤も良いと思っている。しからば、どうして纏めるか。敵に対して精神を集中するのである、一剣の下、生命のやりとりという必死の境地において、敵を前にして全身全霊が一つに集中せずには措かない。敵一人の外に心を散らさず、全人格がこの対敵行為に統一されるのである。剣道は、この精神統一を、剣という技によって錬磨する。幾千回幾万回、練りに練り、鍛えに鍛えて、心の散らない、一事集中の修業をする。これほど烈しい、確かな人格修業はないと申してよかろう。この修行をするには、是非とも謙譲な心でなくてはならぬ。

個性を去らなければならぬ。自己本位の人は、どうしても上達しない。自己を空しくして、例えば先輩の指南を素直に受け入れ、坦懐に道の教えるところに随う。その心は孤舟の如しといって空船のようでなければならぬ。そして良いものを幾らでも積み込むのである。そうでなくて何時でも個性に捉われているようでは、いかほど修業しても上達はおぼつかない」[144]

２　文武一体

中山博道は腕力が強いだけの剣道家を認めず、道場訓などをかかげて、人格、教養を高める必要性を説いている。腕前だけの剣道家ではだめと痛罵している。

「剣道はあくまで強くなければならぬが然し又一方には、人間味のある処世法をも修養せねばなりません。強い事のみに心しては、真の剣道ではありません。勿論道場に出て、一度相手に対するときは、攻防に万全を尽くさねばならぬが、之と同時に人格をも養わねばなりません。所謂剣道五段、六段の腕前ばかりで、なぐり合ひの先生であり、腕力の先生であれば破落戸と大差はありません。剣道は二，三段でも紳士的所謂武士道の人格を備へ、修養して居る者は、完全なる人間で世のためになる人であり ます。故に何れの道場にても、必ず道場訓として教えが掲げられて人間常道の真義を味はさせる様にいたしてあります。

144　大村唯次監修（1989）『幽芳録』（中山博道　精神の集中、武道宝鑑）p120-p121

此処に於いて、武道家自身の反省と、世間一般の注意力等、相え俟って行かねばならぬと存ずる次第である」[145]

ちなみに、寒川恒夫『日本武道と東洋思想』[146]（平凡社）では、嘉納治五郎のことばを左記引用して、元来、武技の訓練と人格教育は別物という武士社会特有の考え方を披露している。これは、前述の中山博道の考え方も同様かその影響下にあったともいえるのではと思う。

「近代の儒者嘉納治五郎は、術はしょせん術であると喝破して、彼の柔道体系修心法徳育を設け、体育法と勝負法に兼修させることで、人物教育・人格教育を実現しようとした。彼は次のようにいう。昔の武術を講ずるものが、武士道を説いたのは、本来は独立した離れた道というものを技術に結びつけて説いたのである。**だれが考えてみても分かる通り、何十年間竹刀で技術を錬磨しても、投技や逆技の研究をしても、そう**

145　中山博道剣道講話⑵（1932年3月20日）『日本警察新聞』
146　寒川恒夫（2014）『日本武道と東洋思想』平凡社　p360-p361

いう練習や、研究からは、尊王の精神も、道徳も発生してこない。それでは昔の武士がなぜに武技にも長じ、武士道も心得ていたかというに、それは武術を修むると同時にそういう教えを特に受けていたからである。その道筋は今日でも同様である。道場においてどれほど技術を練習しても胆力や勇気その他、そういう自然に養わる難からのほかは、望み得らるるものではない。尊皇の精神とか、信義とか廉恥というようなことは別に加えて教えられなければ、技術の練習のみでは不可能である」

3 生涯剣道

中山博道は戦前の雑誌『少年倶楽部』[147]（忘れえぬ根岸先生のお言葉）で、現在盛んになってきている生涯スポーツの心持にも通じるようなことを語っている。

「私の剣道の先生は根岸信五郎先生といって、越後（新潟県）長岡藩の剣士で、神道無念流の達人でありました。その根岸先生が私の肩を叩きながら、よくかう言われたのを肝に銘じ覚えています。「中山、褒められなければ稽古に励みがつかないやうでは

147 範士中山博道先生に剣道のお話を聞く（1935年1月）『少年倶楽部』、大日本雄弁会講談社　p182–p184

偉くなれんぞ。稽古は自分のためだ、自分を鍛えるのに人様に機嫌をとってもらわなくては…という法はないのう」褒められるといふことは、たしかに嬉しいことですね。しかし、褒められないからといってすねたり、しょげたり、怠けたりするのは男じゃありません。やるからにはどこまでもやりとげる。褒められようが褒められまいが、それは問題ではない。火の玉のやうな気力をもって真一文字に励むこそ、真の日本男児といえましょう」

中倉清は、『書きとめノート』で日常生活に溶け込ます剣道修行の効果を平明に語っている。

「剣道修行で、刀を意識するというと、この平和な時代に物騒なことをと言われるかもしれませんが、今の世の中実際に斬り合いするなどはあり得ない、しかし、日常の生活、仕事の中で、窮地に立ったり、追い詰められたりすることも多い。そんなときの心の処し方は、真剣を意識した稽古、試合からでも十分学べる」

実戦性を竹刀剣道に溶け込ましていった中山博道、戦後、競技スポーツ化した竹刀剣道に実戦性の身心技法を溶け込まして、日常生活にも活かせることを目指した中倉清、どちらにせよ生涯剣道という観点は同じと理解できる。

(4) 有信館道場と他流道場の道場訓の比較

戦前東都を二分したといわれる中山博道の有信館、高等師範系の高野佐三郎の修道学院、それぞれの道場訓を左記紹介したい。民間道場の有信館の道場訓には、やはり自分を主体とした「やる側の論理」が当然ながら色濃くでており、自ら内的、外的にどうあるべきかを剣道修行を続けながら問い続け、あわせ仁義礼智を、道場訓を通じて追い求めていく姿勢が強くでていると思われる。道場訓の1条から12条は、そうした修行、精進の過程と段階が記述されているようにも思える。最後の12条が究極のめざすところであり人間どうしはいうに及ばず周りの動植物、路傍の石に至るまで思いをはせ、〝親切であらねばならぬ〟と言い切る中山博道は、剣道家を超え、宗教家の感さえもあるというのは言い過ぎであろうか。

1 中山博道有信館の道場訓(剣道12ケ条)

1. 剣道者は己を知り、又他を知らねばならぬ。つまり自分の強さのみを知って他の強さを知らねば必勝を得難く、又他の欠点のみを知って自分の欠点を知らぬは、散を取る基である。

2. 何んの修業においても上手に習ひ、下手に学ぶことは肝要である。殊に剣道を修業するものの金科玉条である。然し下手に依って技の上達を許りえる者でなくて真の上手にはなれぬ者である、弟子亦師たりといふは実に名言である。

3. 人身の主権者は人心である。故に人と人心である。故に人と人との力を比較する剣道は心と心の勝敗であるから、剣道の極致は心の工夫精神の錬磨であって、刺撃との能不能は方便である。

4. 極意とはその道の極意である、即ちその目的理想であるから剣道の極意とは剣道の理想であって、真の人間となることである。

5. 技術上で以心伝心とは、言語にても文字にても、表し得ざるところの体験及び心悟の妙用であって、或る人間と他の人間と、其の道の体験の分量が同程度に至って始めて彼我の心、相照応する精神作用をいうのである。

6. 何芸によらず真の芸術とは、手技をはなれて心術に到達することである。　その心術こそは真の光輝あり生命あるものである。

7. 剣道の極致は、相対を施して絶体となり、彼我相融解して全一となるにある。かくてこれ勝敗の念なく和平に帰し、禅のいわゆる真如の境界であり、柳生流の西湖水の位である。

8．撃たるるは迷ふからである、撃たんと思ふも迷ひである。撃たれず、撃たず平然たるとき、真の勝を生ずるものである。迷わずして撃たれるは死物なり。

9．勝つは己の力にあらず敵に隙があるからである。敗くるは敵の強きにあらずで、己に隙があるからである。

10．勝敗の念頭を離れて始めて其処に真の勝敗を観じ得るのである。故に勝つことを忘れて勝自ら生ずるものである。

11．修行の道程は無限であって認知すべからざるものである。而して先輩に追いつくは易く、後輩に追いつかれざる事は難中の難である。後世怖るべしとは至言である。

12．道の極意に到達するには他者に対しても親切であらねばならぬ。生無きものにも、人間同士は勿論、動植物はては我が身辺の器物の一つ一つまでも親切心に満たさるるとき始めて身辺皆味方になるのである。

（昭和天覧試合『刀と剣道』148 雄山閣昭和14年　7月号）

148（昭和14年7月号）『刀と剣道』、雄山閣　p82

一方、一刀流系剣道を学校教育剣道に馴染ませていった高野佐三郎の修道学院の道場訓は、その特徴がよく表れている。

2　高野佐三郎の修道学院道場訓（剣道十訓）

1. 身体を健全にせよ。身体各部分がよく完備して、活気満ち溢れておらなければならぬ。
2. 精神を錬磨せよ。剣道は精神と技術と微妙な連関をもっているから千変万化の変に応じて誤らざる精神を錬磨しなければならぬ。
3. 一向専念稽古を励め。心と手足と一体になって動くには何よりも実際の稽古を積むのが大事である。
4. 研究工夫せよ。一寸した頭の働きで豁然として悟る所あり、頓に技術の進歩することもある。
5. 基本を正確にせよ。姿勢、構へ、刀の持ち方、目付、足の踏み方、打ち込み方等基本動作が正確でなければ進歩せぬ。
6. 何時も真剣の気合を持て。身体は精神に引き回される。稽古にも試合にも何時も真剣の気合で全力を尽くせ。

7、終始熱心なれ。剣道の修業には苦痛も多い。且つ一生の修行である。心を弛めると稽古を怠り、物にならぬようになる。

8．慢心を起こすな。学問も技術も商売も慢心が堕落退歩の元になる。剣道でも慢心は恐るべき敵である。

9．公明なる精神を持て。不正誤魔化し我利私欲は稽古試合とも大禁物である。真面目なる剣道修行は精神修養人格修養の道である。

10．剣道と生活を合致せしめよ。折角学んだ剣道が日常の生活と離れ離れではならぬ。剣道と生活とが渾然合致するならば、剣道の進歩の上にも、日常の生活上にも得る所頗る大なるものがあらうと信ずる。

（昭和天覧試合『刀と剣道』149 雄山閣昭和14年　7月号）

149（昭和14年7月号）『刀と剣道』、雄山閣　p144

こぼれ話⑬「鬼の中倉清」

大学剣道部の数年後輩のY君から聞いた話である。

Y君も、私同様、中倉先生に心酔しきっていて、いろいろとご指導をいただいていた。彼は、卒業時に就職した会社を10年ほどで辞めて、剣道関係の録画ビデオを販売する、いわゆるフリーター状態だったことがあり、収入が定まらないでいた。そのようなおり、いつものように大学の道場での稽古が終わった後、先生から夜勤警備の仕事を紹介された。先生は彼の不安定な収入を案じておられ、安定した収入を得られるようにと伝手を頼って探してくださったようだ。ところが彼はそれを聞くなり、「そんな仕事はいやです」と即答した。先生は、いつもの温厚な笑顔で「そうか、しようがないな」とつぶやき、帰り支度を始められた。Y君が、やれやれやり過ごせたと内心ほっとしたのも束の間、振り返った先生のお顔が鬼の形相になっていた。そして、「仕事というのはきつくても歯を食いしばってやるものだ。それこそが地に足が着いているということだ」とY君を諭した。Y君は、「あんな怖い中倉先生を見たのは後にも先にもあのときだけ」と語った。

Y君は、その後も頻繁に先生のご自宅にお邪魔したり、おりにつけ電話をかけたりしていたが、あるとき体調を崩し、一人暮らしの自宅のマンションで寝込んでしまい、ひと月ほど誰とも連絡をとらずに部屋に閉じこもっていたことがあった。ある日、部屋のドアをどんどんと叩いて「誰かいるか、ドアを開けなさい」と大声で呼ぶ声がするので、ドアを開けると、そこには仁王立ちの中倉先生のお姿があった。遠路、Y君の住所を探し出して心配して訪ねて来られたのだった。

中倉先生のご葬儀の際には、片隅でY君が人目も憚らず、おいおいと声を出して泣き崩れていた。

その後、Y君は、実家の家業を引き継ぎ立派に盛り立てながら、還暦を過ぎた今も剣道修行に明け暮れている。

第Ⅳ章　有信館剣道の文化（社会性）

第1節　自分の周り（他者）への広がり

（1）他者を尊重

有信館剣道は、剣道を本音、建て前問わず、すでに殺傷の技術とは見ていないことがうかがえる。即ち打突部位を、小手、面、胴、突きと限定した時点で、すでに技を競い合う競技であり、暴力的な、相手を尊重しない対応が一切否定されている。ややもすると自分の感情に翻弄されて暴力的な対応に流れがちになる武術競技であるが、他者へのおもいやり、尊重の精神をひきだしてきてそれが技の進展にもつながるとすることが見えてくる。また、師匠筋の根岸信五郎も前書『撃剣指南』[150]で、同様の趣旨を述べておりその主張が中山博道にも受け継がれているといえよう。少し長くなるが引用したい。

「およそ真剣を執りて敵に対するには、敵手の全体何処の嫌いなく刺撃するを得べしといえども、演場竹刀を執るにときにあっては敵手の全身中最も貴重なる部分、即ち第一

150　前書根岸信五郎『撃剣指南』p58

図に掲ぐる道具をもって覆いたる頭部、両手、咽喉、胴を目的とし刺撃すべし。過って竹刀他部に及ぶときは速やかに謝するを要す。何となれば、弓銃射手のごときはその目的は死物なれば過て他部を射撃するもただその効なきに止りあえて謝するを用いざるも、撃剣はしからず。その刺撃する者およびその刺撃せらるる者皆活人なり。故に刺撃を過まるときは速やかに自己の粗悪を謝せざるべからず。しかしてその立ち合いは大概八勝負なし十勝負とし、勝負終われば互いに礼をなし「面」「小手」を脱して後なお先輩に対し慇懃に礼を述ぶべし」

堀田捨次郎は、神道無念流の幕末の道場には、「演剣場壁書」としてつぎのような道場訓が第一項として掲げられていたと紹介している。

「武は戈を止めるの義なれば、少しも争心あるべからず、争心ある人は必ず喧嘩口論をなす、喧嘩口論に及べば、また刀傷に至らむもはかりがたければ、剣を学ぶ人は心の和平なるを要とす。されば短気我慢なる人は却って剣を知らざるをよしとす」[151]

[151] 『剣道講話』（1935（昭和10）年）堀田捨次郎近代剣道名著体系

ちなみに、根岸信五郎は東京高等師範で嘉納治五郎の命を受けて、剣道理論の講師を務めていたことがある。彼自身の武士階級の素養もさることながら、三育教育論[152]などの嘉納治五郎の思想的影響もあるのではと思える記述も多い。左記に根岸信五郎の記述を紹介したい。

「剣道は、智育、徳育、体育の三箇の要義を得るものであります。今、これを詳しくお話すれば、技術上の変化は体育、進退挙止の礼譲は徳育、精神の鍛練は智育であります。……中略……傲慢不遜は甚だ忌むべきことであります。これを実例にして申せば、剣術の教えに、敵を眼下に見下せと云うことがあります。これを早合点して敵の何人たるを見ず、何人の何の位たるを顧みず、何の憚る所なく直ちに敵を見下すのであります。人には各々長所があり、短所もあり、先輩といえども短所なきにしもあらず後輩といえども長所なきにしもあらず又寸も長き所あり尺も短き所ありなどと云うこともあります。唯己の長所のみを知って人を重んじないことは傲慢にして、取りも直さず人に対する礼

152 三育教育論、前書寒川恒夫『日本武道と東洋思想』では、嘉納治五郎始め教育関係者にイギリス人スペンサー三育教育主義教育が浸透したと解説。p291

を失うの甚だしきもの畢竟心中に謙譲の徳が欠けていることに由るものであります」[153]

まさに、他者尊重の精神をわかりやすく説明している。

（2）殺傷の武術から武道への転換

『剣道手引草』[154]で、中山博道は剣術を殺傷の武術から武道へ転換を図るべく、その道筋をみごとに表現している。

「この武術武技といっても二通りあって、一つは無形即精神上の技術に属し一つは有形即肉体運動の技術に属するものである。而して有形上より観察すれば、私の専門である剣の稽古に用いる防具を着用するところからその作法が判然としているのである。まず、お互いに道場で技を戦わすときにその防具を付けたる面、小手、胴或いは突き、この4ケ処においてもし隙があれば何なりとも打ちあるいは突くべく又こちらからも彼方に隙があれば打ち突きするものである。即ちそこに互いの規約ということが成立するわけ

153　前書根岸信五郎『剣道講話録』p24
154　前書中山博道『剣道手引草』p101—p102

である。これが仁義即ち智性の働きであって、互いにその隙を争うのである。而して打たれた場合は「マイッタ」と相手の技を称揚し、打ちし方は「いや甚だ軽少です」と答えて謙譲するのである。また、悪いところを打った場合は、「ご無礼」と謝し対者は「イイエ」と答えるもので、ここが仁即ち惰性より生ずる処の礼譲が存するのである。而してその争技中僅かにても対者に隙のある場合は猜疑することなく、全身の力を一撃に込めて電光の閃きの如く敏速に打ち込むもので、ここが即ち勇にして意性の働きである。ゆえに**この防具の外形上よりしてもすでに武道の本義が伺われえるものである。故に剣道は徒に竹刀即ち竹束をもって互いに殴り合うのみのものではないということを知らねばならぬ**」

決められた打突部位を保護するものとして剣道具（小手、面、胴、突き）があることそのものがもう武術ではなくて武道であると言い切り、竹刀で互いを殴りあうものではないという中山博道の明快な武道論である。

こぼれ話⑭ 「中倉清書きとめノート」

中倉先生とのご縁で有信館剣道（神道無念流）に興味を持ち、早稲田の大学院スポーツ科学研究科修士課程に進んだこともあり、中倉先生のご自宅の御霊代（神道）にご報告に伺った。今は先生のご長男夫人、順子さんが守っておられる。訪問のもう一つの目的は、先生がどのような剣道関係の書籍に目を通されていたのかを知ることであった。

生前と変わらぬ状態に保たれた先生の書斎に通していただくと、書棚には多くの剣道関係の書籍が山のように積まれていた。それらを拝見しているときに、順子さんが、「たくさんのノートが手つかずにあるのだけれど」とおっしゃって先生の机の引き出しを開けてくださった。拝見すると、先生が書き残されたノート25冊が保管されていた。ノートには大会の挨拶文や講演会の原稿の下書き等が几帳面に書かれていた。先生が再び上京されてから亡くなられる少し前までの文章であった。順子さんのご了解をいただき、全文をコピーさせていただいた。一部は修士論文で使用させていただくこともご了解いただいた。いずれも下書きとして書かれたものとは思えず、ほとんど原文をそのまま活用できる完璧な文章で、剣道の秘術や剣道についての先生のお考えが詰まっていて、珠玉のように実に貴重な資料である。

一方、先生が読まれていた剣道関係の書籍類の多さにも目を見張った。江戸初期から幕末、明治のころにかけての代表的な剣道書籍はほぼそろっていて、お読みになっておられたお姿が偲ばれた。中倉先生の読書量に改めて驚嘆、敬服した。

順子さんに、「先生がご自宅でくつろいでおられるときは、居間のソファに座り、あるいは横になりテレビでもご覧になっていたのですか」とお尋ねした。自分自身のことを思い起こしての質問だった。順子さんは、「食事がすむといつもすぐ書斎に戻って、書類を整理し、手紙を書き、読書などで過ごしていて、居間でくつろいで時間をつぶすなどというところを見たことがなかった」と答えてくださった。

思わず背筋を伸ばしたくなった。

第2節　社会への広がり

(1)　社会との接点

自分が、楽しさを求めて、自ら「やる側の論理」[155]で稽古をして、加えて他者への配慮を持ちながら稽古していくと、そのあとの思考の展開はどうなっていくのだろうか。有信館剣道も当時の皇国史観に基づく皇祖建国尚武論[156]の育成観に剣道を溶け込ましていることは他流派同様である。一方、修行する側の論理、やる側の論理が色濃くでている有信館の風土からは、修行する個人がまずあるという考えがでてくるというのもこの流派の特徴といえる。そうした修行で養われた鋭い思考力、洞察力、判断力[157]で、いかに自分の生命を守って生き抜いていくか、そうしたにおいを強く感じるのが有信館剣道の真髄と感じる。そう

155　「やる側の論理」佐伯年詩雄（2006）『これからの体育を学ぶ人のために』世界思想社　p125

156　寒川恒夫（2014）『日本武道と東洋思想』、平凡社　p259

157　甲野善紀（2004）『表の体育　裏の体育』、PHP研究所　p14　体育によって、ただスポーツ的運動機能が向上するということよりも、思考力、洞察力、判断力といった人間としての諸能力が明らかに向上し、それによって本質を見抜く目を育てるような〝体育〟こそ、真の体育と呼べるものではないだろうか。

した視点で関連の言説を次にみていきたい。
戦前の雑誌『新武道』[158]で、中山博道は、「武道的精神」と称してつぎのようなことを訴えている。これは、昭和20年1月の雑誌に掲載されている記事で、事態は関東大震災に関連付いて説明しているが、戦時下の空襲も想定しての記述ではなかろうか。

「震災のとき、すこぶる物騒なデマが飛んだことがある。そのとき東京人士には困ったもんだと思いました」

これは、実戦性を修行してきたことから来る冷静な判断を求める中山博道の真骨頂と思える。また、刀の有様について、中山博道の次の見解も興味深い。戦前、諏訪尚武館から有信館に修行にだされていた剣士がいたが、次のような中山博道の思い出を語っている。

「神道無念流斎藤弥九郎先生の道場には、演剣場の壁書として、武士は戈を止るの義なれば、少しも争心あるべからず、云々と有ったそうですが、私が有信館にお世話になっ

158 座談会、必勝態勢と武道（1945（昭和20）年1月号）、『新武道』、国防武道協会 p30

たころから戦争はますます苛烈に入り、活人剣であるべき剣の道も、戦争によって悪用され、殺人剣に変身の向きが多くなって参りました。此のことを中山先生は痛く憂いて、そのころからは、あの麗筆をもって毎日般若心経を書かれて罪のない支那土民の為に冥福を祈られた由でありますが、その後は無茶苦茶な戦争と成り般若心経も書き切れず、先生の御意思とは裏腹に戦争は哀れな末路を晒してしまいました」[159]

一方、「慈悲の心を写す。剣の中山範士の精進」『東京朝日新聞[160]1939年2月18日朝刊』では、前述の中山博道の写経を次の内容で掲載している。（下記写真14）まさに表面的には同じ内容の話であるが、武の精神を深く理解

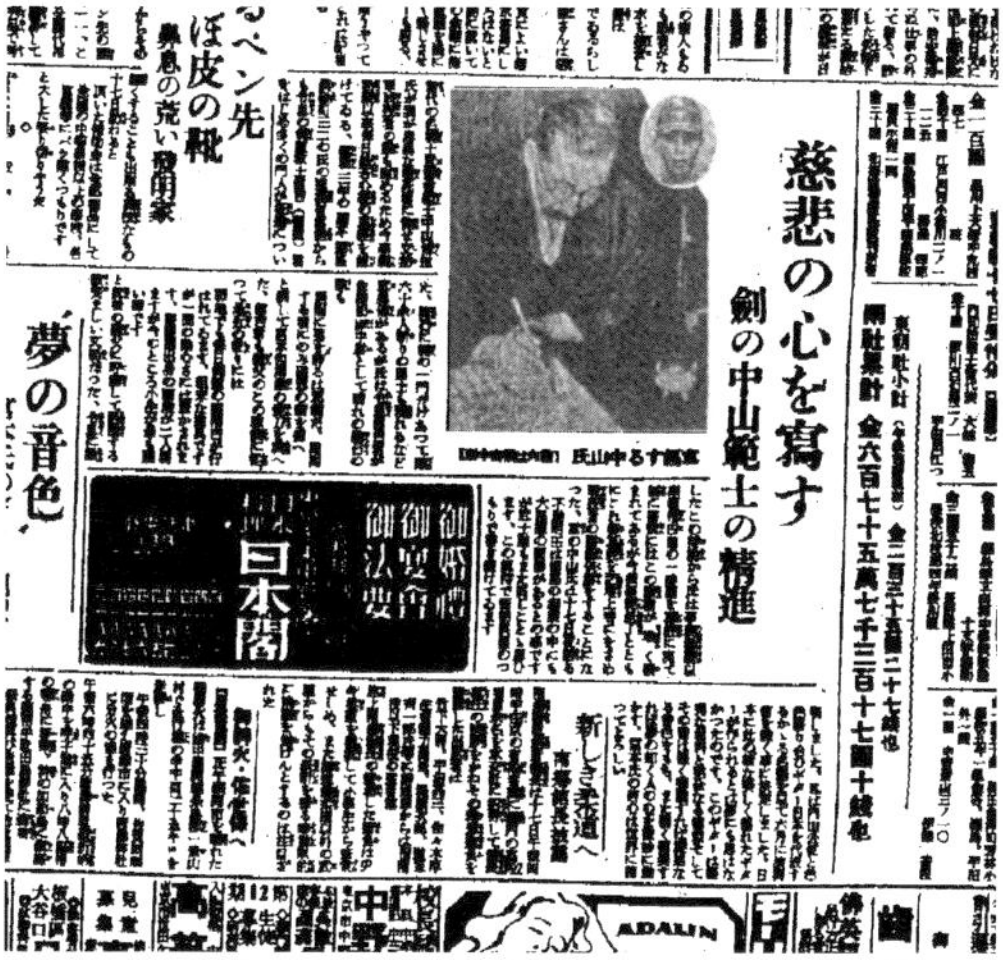
慈悲の心を寫す
剣の中山範士の精進

写真14　中山博道の写経　1939年2月18日　東京朝日新聞朝刊

159　人徳不滅　小平庄平（－1974）『諏訪尚武館五十年史』、諏訪尚武館五十年史刊行会　p71
160　慈悲の心を寫す（1939年2月18日）『東京朝日新聞』

している中山博道の心情とは距離感がある内容と思える。

「当代の名剣士武徳会範士中山博道氏が我が忠勇な戦死者に併せ支那軍戦没者の霊も慰めるため、今事変勃発以来毎日般若心経の写経を続けているが、聖戦三年の間本郷区真砂町32の氏の道場有信館からも氏の剣道教士信吉（善道）君をはじめ多くの門人が征途についた、流石に剣の一門だけあって敵60余人斬りの勇士も現れるなど武勇伝もあるが氏は令息信吉君が佐藤部隊中尉として晴れの応召の際も無闇に勇を誇るは邪剣だ、敵対する者にのみ破邪の剣をふるえと訓えて宮本包則銘の愛刀を与えた、—中略—**当の中山氏は17日夜不動明王は憤怒の相貌の中にも大慈悲の面影があるとのことですが武士道も同じことと思います、この気持ちで毎朝供養のつもりで書き続けます**」

『羽賀準一剣道遺稿集』[161]に、羽賀準一が日本刀の有様について終戦の年に次にようなことを語っているとの記述がある。

161 堂本昭彦（1995）『羽賀準一剣道遺稿集』、島津書房 p232

「軍人たちは、日本刀の使い方をわかっていない。戦争で、シナやフィリピンであんな残虐なことをするのが日本刀の使い方の本意ではない」

次に、戦いの中での生死について、中山博道はこれも当時としては独特な主張をしている。『昭和天覧試合　回顧座談会』[162]では、軍部と中山博道の次のような座談が掲載されている。興味深い内容と思える。軍部が中山博道に白兵戦の極意を問いただしているが、中山博道の、殺傷には興味はないと言わんばかりの受け答えがみごとである。

「等々力森蔵（陸軍中将　大日本武徳会商議員）
とにかく自分に相対するものは、止めを刺さなければ已まぬという意気できている。だから少しも隙がない、であるから、おまえたちもその意気でやらなければならぬ、こういう話がありましたね、そこのところを一つ、中山先生に…。
中山博道
私は真剣勝負をやったことがないから分かりませんな」

162　回顧座談会（1930（昭和5）年）『昭和天覧試合』、大日本雄弁会講談社　p710

更には、1944年6月25日付読売新聞朝刊記事』[163]では、中山博道の独特な主張が掲載されている。

「彼を殺し己も死することは易い。必死必殺は日本人の最も得意とするところであるが、アメリカに対してこの必死必殺で臨むのは愚である。六理想をかざして大義名分に生きる国が、野獣にも劣る彼の国と相打ちであってよい道はない。戦いは勝たざるべからずとは、畢竟この戦いが必殺であってはならぬとの意である。必殺必生こそ日本の求む道であり、今こそこの道を歩まねばならない。戦略上物量を恃み物流を生命とする敵に、必殺必死をもって向かふのは上策の術ではない。彼を殺しわれも死することは許されぬ、……中略……一見近代戦とは全く縁遠い剣聖宮本武蔵がいま熱烈に回想され、一刀流「切り落としの」極意が真剣に注目されるのも、アメリカを殲滅すべき道が必殺必死にあらずして必殺必生も境地に悟入するところにあるとの自覚の発現といふべきである……後略……」

163 必殺必生の境地中山範士語る（1944年6月25日）『読売新聞』

『青年讀賣』[164]では、始めに「体当たり」と題して穴吹智陸軍曹長の論述があり、その内容骨子は左記の通りである。

「体当たり
〃体当たりは空戦の課目ではない。〃頑張れ！　最後までねばれの所産であると思ふ。行ふべきものではなく、止むにやまれず行ふものである」

そのあとを受けて、中山博道の「切腹の作法」が続く。3ページにわたり武士の切腹の作法についての解説が記述（写真15）されているが、最後に次のような記述がある。その部分を抜粋する。

「……前略……中略……

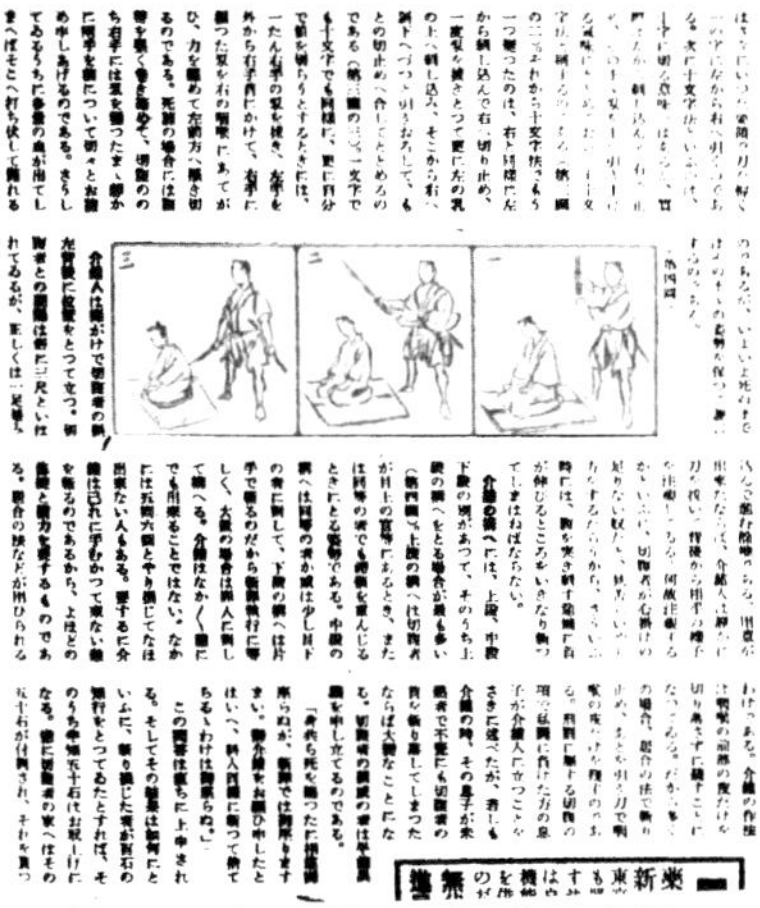

写真15　生か死か、切腹の作法
（1944『青年讀賣』年5月号）

164 「生か死か、切腹の作法」（1944年5月号）『青年讀賣』p26-p30

武士道にとっては、死ぬときと場所が大切に考えられる。武士道を守る精神が切腹の要諦であるとともに、正しく死ねるといふことが武士道の本文である。**葉隠に、武士道とは死ぬことと見つけたりとあるが、むやみやたらに死ぬことが武士の本分ではない。私の考へとして何処までも生きて何処までも守るといふ精神が正しいと思ふ」**

東京麻布、仙台坂上天真寺の「中山博道顕彰碑」には、戦後、中山博道が戦犯容疑で横須賀収容所に収監されて3ケ月後に放免されると記載されている。中山博道が横須賀収容所に収監された理由を突き詰めるのは本論文の趣旨からは離れるが、中山博道が戦後の武徳会の左記のような要職にあったことも理由のひとつかと推察される。

昭和21（1946）年1月、予想されるGHQの解散措置命令に対して大日本武徳会は左記のような体制刷新を図った。

会長　藤沼庄平　（前理事長）
理事長　宇野要三郎　（前弓道部長）
理事　中山博道　（剣道範士）
理事　永岡秀一　（柔道範士）
理事　小笠原清明　（弓道範士）

一方、昭和17年に大日本武徳会は国家統制にシフトされて、会長が東条英機首相、またその傘下の剣道部会では、次のような体制となった。部会長　木村篤太郎、幹事長　武藤秀三、幹事として、当時の剣道大家、持田盛二、服部武三郎、斎村五郎、佐藤卯吉、高野弘正、小川金之助などの名前が連なっていたが、中山博道の名前はない。（中村民雄『史料近代剣道史』[165]より。）

こうした事情もあってか、（戸部新十郎）『明治剣客伝』[166]では、戦後、中山博道は、公的なところでは、剣道の演武はしていないことが子息善道によって語られている。

「父は戦後、死亡まで、竹刀、木刀と名の付くものは一切、手に触れずキッパリ縁を断ってしまった。（剣だけが命だった父のことゆえ）私としてもただ驚くのみであった（子息、善道遺談）」

165　中村民雄（1985）『史料近代剣道史』　p83－p85、p92
166　戸部新十郎（1994）『明治剣客伝』、毎日新聞社　p262

戦後復活した第一回京都大会での中山博道の行動は興味深い。戦後大義塾で中山博道の指導を受けた中村藤雄（第I章第4節(1)の2）（p22参照）の同京都大会での話である。

「昭和28年の第一回京都大会には……中略……中山博道先生が居合の形を打つことになっていた。ところが武徳殿で気が変わり、稽古着をつけたままの私に『藤雄、オレの代わりに形を打てといわれた』[167]」

たしかに、その後公的なところで中山博道の演武の記録は見当たらないが読売新聞（下町版）[168]に小さい記事で「古来の武道を公開」というのがあり、左記老齢になった中山博道の活躍が見られる。

「剣道、柔道はもちろん空手、弓術、ナギナタ、鎖ガマなどの日本古来の武道を一般に公開、その奥義を紹介して、その興隆をはかろうという日本総合武道大会がライフ・エ

167　最後の秘伝（2012年9月）『剣道日本』スキージャーナル社　p30

168　古来の武道を再開（1954年7月2日）『読売新聞』（下町版）

クステンション倶楽部主催、本社後援で3日午後1時から神宮外苑東京体育館で開かれる。同日は武田信玄以来の伝統武田流陣貝術、講談で聞く以外はほとんどお目にかかれない神道夢想流杖術、一遠流捕じょう（縄）術はじめ85歳の中山博道範士の英信流居合、船越義珍最高師範の空手組手形など武道界の達人が最後の演武を行い、古武道の豪華オンパレードをくりひろげる。」

一方、中倉清『中倉清書きとめノート』では、社会との関りについて、中倉清は、昭和43年ころ次のように語っている。

「三源一流について。第一の流は、国のために血を流すとは戦争とかクーデターとかいう意味ではなくて、祖国愛と解釈しています。国の為に汗水を流すという意味に考えます。第二の流れは、友のために涙を流す、友の為に涙を流してやれる人間になれれば立派なものです。利己主義に陥らず 苦しいとき、悲しいとき、一緒になって涙を流し、激励して、頼りになってやれる人間になりたいものです。第三の流れは、家のために汗を流す、これは普通誰でも実行できることでしょう」

(2) スポーツと剣道

戦後、竹刀剣道が競技スポーツとして復活してきている中で、スポーツと剣道のくくりについていろいろな意見が聞かれる。実戦性に根付く身心技法で竹刀剣道に深みをもとめてきた有信館剣士(中倉清、羽賀準一、中山博道)たちの言説からどのように読み取れるか考察したい。まず、戦後も、竹刀剣道の大会で華々しい活躍をつづけた中倉清、大会には参加していなかったが稽古で抜群の強さを見せた羽賀準一、そして戦後は観戦する立場になった中山博道の順番で考察していきたい。

1 中倉清

中倉清は自身で宮本武蔵にも勝つと豪語していて不遜とかとりざたされていた。筆者がその背景、真意を中倉清に尋ねた。中倉清の話は左記のとおり。

「酒の席などで、宮本武蔵と戦ったら勝てますかなど聞かれることがあるが、そんなときに答えるのは、私は真剣をもってやったことはないからわからないがただ、剣道具をつけて今のルールで戦えといえば、宮本武蔵が来ようが誰が来ようが、勝てる気持ちで稽古しているといっているだけ」

それが中倉清が武蔵に勝てるといっているなどとの話になっているということもよく知っていた。こうしたことからも、中倉清が、競技スポーツという枠組みの中で竹刀剣道をとらえていることが明確といえる。また、中倉清と稽古に同行していて目撃した知人の話がある。中倉清が竹刀剣道は競技スポーツに変わっていっていることをよく自覚していたという事実である。それは、昭和の武蔵が稽古にくるということで、若い剣士たちが老齢になった中倉清に一矢報いたいと、ときには乱暴な技にでることがあった。そんなとき、中倉清は、「君、今のは反則だよ」とニコニコしながら稽古中に諭しているのが面がね越しに見える事があった。しかしながらその若い剣士が勢いあまってか意図的かもう一度その乱暴な技をやると、中倉清は、「さっきそれは今の剣道では反則だといったはずだよ、そうかなんでもありの稽古したいのか、それなら見せてあげよう」と、その若い剣士を完膚なきまで打ちのめし、道場の隅に追いやったことがある。まさに競技スポーツとしての剣道を中倉清は推進していたといえる。また、中倉清が、剣道を競技スポーツというくくりで試合を意識している点については、おりにつけよく耳にしたのは、「毎年同じ技は試合では使わない、中倉の連覇阻止を目指しているのがたくさんいるから毎年新しい技を考えて変えている」といっていた。更には「同じ打突でもこうした打突では審判の旗は上がらない」とか審判をかなり意識していたのを垣間見たこともある。即ち、中倉清は、競技スポーツの中でしっかりと剣道をしていたといえる。しかしながら、勝ち負けについて、次のようなことをいっている。ここが有信館剣道の実戦的身心技法を竹刀剣道に溶け込ましている由縁である。前書『中倉清書きとめノート』（昭和56年10月18日講演会資料）では次のようなことばを残して警鐘している。

「至るところで大小大会が開催されております、剣道奨励のためまことに結構なことではありますが、しかし、一歩あやまると幼少年剣道の命取りになりかねないと思います。例えば大会に選手として出場することまた試合に勝つこと、優勝することが剣道のすべてであるかのごとく思って子供も親もそれのみに一生懸命で、もし選手にもなれない、選手になっても試合に勝てない、いくらやっても試合に勝てないものは、いつか剣道がいやになり段々剣道から去っていくようになると思います。剣道では、大会に出場するとか試合に勝つ、優勝するということは剣道のほんの一部分でありますす」

さらに、前書『中倉清書きとめノート』で、中倉清は昭和42年ころの剣道ブームのおり、剣道が変質してきていることを感じてか次のようなことばを残している。即ち、生活に根差した剣道を広めないと、ブームはすぐ下火になると危惧しており現在の幼少年剣道人口減少を予言していたようなことばである。

「今日確かに少年剣道は野球やサッカーを凌いでいる観があり剣道ブームで、だがブームというものはいつかは去っていくものである。その時間はブームが最高潮に達したときである。問題点が指摘されたときに、下火となっていくものであります。しかし、剣道はそうであってはならない。ブームでなくしっかりと生活に根をおろしたものでなくてはならない。そうするのは我々指導者が進路を間違えず、しっかりとした指導が大切なことになるのであります」

即ち、実戦的である有信館剣道の身心技法を競技スポーツである竹刀剣道に溶け込ましているがゆえに、それが「生活に根をおろしたもの」として、血となり肉となることを中倉清は熟知していたと思う。まさに修行者の体力は、いうに及ばず、思考力、洞察力、判断力などの人間として生きていく上での本質的な力を身に着けることになると理解していた。

一方、武道ということばで飾られる剣道が陥りやすい点にも中倉清は気づいていて、『中倉清書きとめノート』には、「剣道とスポーツ」と題して、次のような文がある。

「剣道とスポーツ

剣道に、剣道精神や武士道を語るのは封建思想だといわれますが、しかし、これはまことに一方的な偏見であり、現代のスポーツに精神をもたないスポーツは一つもないと思います。スポーツマンシップとか或いはスポーツマンスピリットとかいうことは、これ皆、スポーツの精神であり、スポーツの魂であります。ラグビーにはラグビー精神あり、ボートにはボートのスピリットがあると同様に剣道には剣道精神があり、これは強調、謳歌することはこれまた当然のことであります。かりに、この魂を持たない剣道があるならばそれは単なる労働であって、もはや剣道という体育文化の範囲の中に入る資格を失っているものである。剣道は、永年に亘って、わが民族の倫理の風習の中から生まれた尊い精神があり、その精神が或いは礼となり或いは躾となって実践され社会的な一つの役割を果たしてきたのであって、そこに現代剣道の意義があるのであります」

また、中倉清が同じスポーツのプロ野球選手、巨人軍の長嶋茂雄のことについて言及している興味深い記述が、同『書きとめノート』にはある。

「私は、野球のことはわからないが、しかし、長嶋選手は、ユニホームを着る限り、とことんまでやる身も心もぼろぼろになるまで戦うものすごいファイトを燃やしてプレーに臨んだようだ。彼のいっているところ、やはり長嶋選手ほどの大選手になれば、野球選手としてもまた、人間的にも立派だなあとしみじみ思ったのは私だけであったろうか。剣道を学ぶ者が、ともすると剣道だけが人間形成の道だなどといって、大きな顔をして、剣道の上に、あぐらかいて、さしたる稽古もせずにただ、理屈だけをいっている剣道修行者はいないだろうか？　剣道は、頭で学ぶものでなくて、身体で学ぶものであることを忘れてはならない。」

このような思いを持ちながら、競技スポーツである竹刀剣道に中倉清は積極的に参加しており、その姿を伝える記事を紹介したい。堂本昭彦の『鬼伝　中倉清烈剣譜』[169]では、中倉清が、昭和38（1963）年の岡山国体剣道に、範士八段（当時53歳）として初めて参加して活躍したことが記述されている。いまでこそ、八段クラスの参加は珍しいことではないが、当時としてはまさに異色の系譜と映ったのであろう。

169　堂本昭彦（1979）『鬼伝中倉清烈剣譜』スキージャーナル社（剣道日本）p328-p329

「全試合、ほとんど2本勝ちで短時間に勝負をつけてゆく。その試合ぶりは水際たっていて無駄うちのない試合運びは全観衆が認める完全試合だった」

そして、鹿児島の7年ぶりの国体優勝に貢献。競技スポーツ化した剣道の最たる試合、国体にも出場して、有信館剣道の身心技法をいかんかく発揮したといえよう。当時の全日本剣道連盟会長の木村篤太郎[170]は次のように伝えている。

「中倉君がよくぞ出場してくれた。八段範士は単なる名誉称号ではなく、全国最高の実力者であることがこれでよくわかったろう。中倉君の国体出場は八段範士は第一戦

170 木村篤太郎　剣道家、元法務大臣、検事総長。戦前中倉清、中野八十二、渡辺敏雄ら若手精鋭の剣道家たちが、剣道界の旧弊を打破するために結成した思斉会の会長を務める。木村篤太郎と中倉清の逸話がある。中倉清が56歳の時、1966（昭和41）年に鹿児島より東京に呼び戻されるが（関東管区警察学校教授に任官）、東京で誰が中倉清をもう一度東京否、全日本の剣道界に引き出したのか、筆者はその質問を、剣道関係書籍を中心に出版している島津書房の村瀬社長にしたことがある。村瀬社長は誰が具体的に動いたのかは不明、しかし上記の木村篤太郎会長が中倉清の東京での再活動を有形無形の応援したことは事実であり中倉清より直接聞いたことがあると。戦前に中倉清、渡辺敏雄、中野八十二らの若手剣士たちが結成した思斉会のまとめ役でもある木村篤太郎は、戦後、剣道が競技スポーツ化したとはいえ、勝利至上主義で力とスピードだけに頼りかなり変質してきていることを憂い、武術の身心技法を竹刀剣道に体現している中倉清の中央舞台での活躍を願ったのではとは筆者の推測である。

から退くものとされていた剣道界の陋習は見事打破されたと公式なメッセージを発表し称えた」

2　羽賀準一

有信館三羽烏のもう一人羽賀準一は、現代剣道とスポーツの関係を明快に語っている。[171][172]

「現代において武術・武道とはなにか、ひとくちに申せば一発か二発の水爆で世界の人類は滅亡する今日、武道なんて言葉を使う意義があるのでしょうか。我が国、古伝の武道は、一人とか三人と戦って、いわゆる相手の生命を制する技術を称して武術、武道と称したのではないでしょうか。

今日、相手の生命を絶つことは原爆、水爆にかぎります。このように考えますと、今日、武術とか武道と称するものはなんでありましょうか。昔流に剣道や各種武道が、

171　羽賀忠利（1967）『羽賀準一遺稿』羽賀準一遺稿刊行会（非売品）p14
172　羽賀忠利　羽賀準一の実弟　剣道範士八段

言葉のうえで斬撃、刺突なんて使用しても、今日の私どもには武道として感得することは不可能であります。スポーツとして洋の東西を問わず、人間が手足すなわち体を動かして楽しく動作すること、すなわち運動すべてをスポーツと称せるのではないでしょうか」

このように、羽賀準一は手足を動かす運動はスポーツであり、今日武術であれ、武道であれ殺傷術からはほど遠い存在と言い切る。しかしながら、戦後、竹刀競技の大会からは遠ざかっていった羽賀準一は、武術の、即ち有信館剣道の身心技法は競技スポーツ化した竹刀剣道では消化しきれないと思っていたと思わせる言説が伝わっている。即ち、羽賀準一がある相手と激しい稽古をしていたときに急に稽古をやめて相手の竹刀をつかみ「そんな稽古をするのか」と相手を睨みつけた。ある相手とは、中倉清ではとの観測もある。その中倉清が羽賀準一について語ったことがある。これは、筆者が直接中倉清に尋ねた答えである。即ち、中倉と羽賀、どちらが強かったとの質問に、

「羽賀は強かった。しかし、試合は自分の方が強かった」

と言い切ったのは中倉清である。これはどちらが強いとかいう講談上の話でなくて、中倉清と羽賀準一の戦後の竹刀剣道に対する剣道観が如実に表れているものと理解でき

る。有信館剣道の身心技法を競技スポーツとなっている竹刀剣道の枠内で最大限深堀、進化させようとしている中倉清と競技スポーツ化した竹刀剣道を活用し、有信館剣道の身心技法を進化させ、伝承させていこうとしながらも競技化した竹刀剣道に馴染めず、はみだしがちになる羽賀準一との違いを見る。[173]

3　中山博道

最後に中山博道だが、戦後になりスポーツ競技化した戦後の竹刀剣道を見て興味ある発言をしている。戦前、中山博道は、剣道、居合道、杖道、3道[174]の範士であり、最後の武芸者といわれている。加えて、彼の著書『日本剣道と西洋剣技』[175]があるように、世界の武術と日本剣道を対比するように、武道を幅広い目線で見ていたと思われる。そうした観点からのコメントと理解したい。競技スポーツ的に走りすぎる現代剣道に批評的であっ

173　羽賀準一が指導していた一橋剣友会というのが、まだ日本武道館で竹刀剣道の稽古会を継続させている。独自な稽古方法を残していると伝えられている。

174　剣道、居合道、杖道の3道は、現在、全日本剣道連盟及び加盟の各都道府県剣道連盟が主管している形となっている。

175　中山博道・中山善道（1937（昭和12）年）『日本剣道と西洋剣技』審美書院

た中山博道は、晩年、戦後開始した全日本剣道選手権大会を見て次のように述べている。

「竹刀競技で少しも差し支えない、難しいことはいうなと一部の人々はいうが、元来このの二つ（竹刀稽古と形稽古）は、往時においては一本であって、この一本が武道といわれた。二つに分けたことがそもそも誤りで、武道に新古はない。この区別はたいへんな誤りで、竹刀、即ち剣道も古武道即ち各流の形も皆一体となるのが当然である。恐らく今日の若い修行者は、竹刀で稽古を修めていることと、形や居合などのほかの各派の教えとは別個なものとかんがえられているに相違ない。これは、私などの重大な責任と深くお詫び申し上げておく次第である」

「選士達の竹刀捌きは、私から見て器用につきてはいるが、所詮あれは竹刀捌きで、忌憚なく申し述べれば、及第点をつけられる者は一人といない。よって竹刀選手権と改称されたがいいとさえ存じている。あんな攻防は日本刀ではとても思いもよらぬことであって、非常識も甚だしい。……中略……剣道が竹刀踊りの遊戯化したものに落ちないことを願う」堂本昭彦『中山博道剣道口述集』[176]

176　堂本昭彦（1988）『中山博道剣道口述集』、スキージャーナル社（剣道日本）p47-p49　p123-p124

戦後のスポーツ的な竹刀剣道には異を唱えるものではないが、日本剣道形あるいは古流に息づいている術理が軽視されているのに対しての批判的なコメントとして理解したい。また、更に、中山博道は次のようにも語っている。[177]

「中山博道対談
中山：剣道の復活はまことに喜ばしいことだと思う。しかし現代の剣道はスポーツ化して、バカバカ叩く棒の遊戯のようだ。剣をもっておどっているんだね。真剣をもったつもりで精神のこもった剣道をやってもらいたいと思う。」

こうした中山博道と同様の主張と理解する富木謙治の主張を参考までに左記引用したい。

「現代武道のあり方「競技」と「形」
競技化できない「わざ」の部門を重視し、「形」を通して術理を究め「わざ」の変化を

177　今昔（1959）『北日本新聞』p181ーp187

体得する。また、優れた古流の「形」をも学んで、生涯体育の実を上げること」

富木謙治『武道論』[178]

武術の実戦性に基づく古流の身心技法を、形を通してその術理をスポーツの中で活用し深みを求めて、生活に活かして行くことを両人ともに訴えていると理解したい。また、同じく（富木謙治）『武道論』[179]で、「武道のスポーツ化に対する二つの反論」として、武道とスポーツの関係を富木が整理しているので左記したい。この富木謙治の考え方は、これまで見てきた有信館剣道の先達である根岸信五郎、中山博道の考え方に近いと筆者は考える。現代武道で、古流の技が形骸化していると指摘されているが、左記のような富木の視点は参考にしたい。

「武道即護身術として考えることは、あまりにも狭く、現代体育の意義を解しない小見である。また、護身術の意義そのものも、こんにちではいわゆる安全教育（セーフ

178 富木謙治（1997）『武道論』、大修館書店 p8
179 富木謙治（1991）『武道論』、大修館書店 p41

ティ）として解すべきであって、我々は生涯を通じて安全な生活をおくるためにはすべからく慎重で注意深くなければならない。そのためには個人の狂暴から身を守るばかりでなく、その他の天災人災にも処する心構えと方法を知らなければならない。

……中略……

ただ武道の技術はスポーツ化することによってのみ、現代的鍛練ができ、そのためにその本質を磨き、将来に発展するものであることを知ってもらいたい。スポーツ化しなかった多くの古流の武術が、ほとんど忘れられ、その発展も退化しつつある事情を研究すべきであることを述べてこの稿を終わる」

4　剣道の変遷（剣術、撃剣、竹刀剣道そして競技スポーツ剣道へ）における立ち位置

最後に、この項で見てきた中山博道、中倉清、羽賀準一の言説より、彼らの剣道の変遷における立ち位置も考えてみたい。

剣術、剣道、竹刀剣道の括りについていろいろな議論があることは周知のとおりであるが、そうした括りの中で、左記表6は幕末の700とも800ともいわれた剣術流派が、大きな流れとして、競技性をもった撃剣、竹刀剣道になっていくのと、流派の型を残していくのと二つの流れになっていったのを表している。戦後、前者は競技スポーツ

としての剣道に、後者は古武道になっていって今につながっている。
有信館剣道は神道無念流を竹刀剣道に託すも、本論でとりあげた言説からすると、中山博道の立ち位置は、競技性を包含する竹刀剣道において有信館剣道の身心技法により剣術の総合性を高めようとした。中倉清の立ち位置は、スポーツ競技化した竹刀剣道で有信館剣道の身心技法を活用し競技性を高めようとした。羽賀準一は両者の間の立ち位置であったといえないだろうか。

表6（幕末以降の剣道の変遷）

幕末	撃剣・剣術	
明治	竹刀剣道	流派の型として継承
	競技性	実戦性
	剣術の身心技法	心法（身心鍛錬と人間修行）
	一時・戦技剣道	身法
戦後	競技スポーツ	古武道として伝承
	身心を錬磨し人間形成の道（全日本剣道連盟の剣道理念）	日本古来の尚武の精神継承 人格形成、身心鍛錬（日本武道協議会武道憲章）

こぼれ話⑮「本間七郎先生」

中倉先生の前任の一橋大学剣道部師範は本間七郎範士八段であった。本間先生は、東京高等師範をご卒業後剣道界で活躍され、その後関東管区警察学校教授を務められた。また一橋大学剣道部の戦後初めての師範となられた。本間先生は、ご自身の後任に中倉先生を強く推挙され、制度変更のため中倉先生を師範とすることに難色を示した大学側の意向も覆したと当時大学の剣道部長だった太陽寺順一教授からお聞きした。

中倉先生は、戦前も一橋大学の前身、東京商科大学剣道部師範だったこともあり、戦後再び一橋の師範に就任されることは通りやすいと誰もが思っていた。ところが、戦後、大学の制度が変更されたことから問題が発生した。本間先生は高等師範をご卒業されており教員免許をお持ちだったので、大学の講師という肩書きで師範を務められた。ところが、中倉先生は教員免許をお持ちでないということで大学側がすんなりとは受け入れられないことが判明した。そこで本間先生が、ご自分が推挙した後任がどうして受け入れられないのかと、憤然と太陽寺剣道部長や大学側に怒りの矛先を向けたそうだ。

中倉先生も一時は、これもやむなしと半ばあきらめかけていた。しかし、本間先生の強烈な説得で、太陽寺剣道部長も大学側に働きかけ、大学職員としての肩書きで師範をお願いすることになったそうである。

そうした経過を経て、私が大学4年の1971（昭和46）年中倉先生が晴れて一橋の師範として迎えられて、戦前だけでなく、戦後も再びご指導くださることになった。

中倉先生には、師範就任に尽力された本間先生に対する格別な思いがうかがえた。私が社会人になり会社勤めが始まって間もないころ、中倉先生から突然会社に電話があった。先生が慌てているご様子で、「本間先生がご病気で危篤である、輸血が必要だから卒業生に連絡して集めてほしい」とのことだった。ただごとではないというご様子が察せられ、そのときの中倉先生のお声が今でも耳に残っている。

第Ⅴ章　結論

第1節　有信館剣道（神道無念流）の歴史

江戸中期から勃興してきた竹刀剣道は幕末に興隆を極めてきた。榎本鐘司によれば北辰一刀流、直心影流などの武士階層を中心に隆盛を誇ってきたのとは違い、神道無念流は遅れて登場してきたこともあり、農民層にも普及しかつ実戦的な術理をかかげて広がっていった。明治以降再度竹刀剣道が興隆していく中で、同派で大きな役割を果たしたのは、剣理に明るく、大日本帝国剣道形制定の主査も務めた根岸信五郎そして有信館を継承（1909（明治42）年）発展させたその弟子中山博道（大日本武徳会の剣道、居合道、杖道三道の段位称号選衡委員長）である。二人は、竹刀剣道を、打突部位を決めて行う競技スポーツに近い感覚でとらえていながらも、神道無念流の前述の実戦的術理からくる刀法やそれを支える心法から、合理的な身心技法を抜き出すことによって、竹刀剣道に奥行きを求めたといえる。つまり、幕末に多くあった流派の中で、明治以降主流となってきた竹刀剣道に流派の生き残りをかけた流派の一つである。

対照的なのが高野佐三郎の一刀流を基本とした高等師範系の剣道で、学校剣道に馴染ませるよう変化させていった。国家の学校教育制度の実質を担ったことは、その後の剣道界の主流を形成することになる。戦後、剣道が一時禁止された後に、復活に多大な貢献があったのはこの一刀流・高等師範系の剣道であり、それが現在の全日本剣道連盟の指導要領にも反映されている。

一方、神道無念流・有信館道場は民間道場であった。このため戦後、剣道が一時禁止されたときに消滅、指導者は分散され、戦後復活した竹刀剣道の主流にはなり得べくもなかった。有信館剣道は異色、亜流と称されながらも、戦後の競技スポーツ化した竹刀剣道の試合（国体、全日本東西対抗戦など）で有信館剣道の身心技法をいかんなく発揮し勝ち続け、かつ70－80代の高齢になっても全日本選手権優勝者クラスを圧倒する強さを示したのが中倉清であった。

こぼれ話⑯「湯野正憲先生」

湯野先生は、私の母校（東京都立九段高校）での剣道の先生である。戦後の剣道復活にも尽力され、全日本剣道連盟の剣道理念の作成にも深く関与されたと聞いている。高等師範系の剣風であり、民間剣道場で鍛え抜かれた中倉先生との剣風とはかなり違うとは、両先生を近くから眺められる立場になった大学のころ感じていた。両極端の位置にいる剣道の先生にご指導をいただいていたわけである。素人から見ていると剣道界ではまさに水と油でないかと勝手に想像していた。ところがそうでもなかったのではと、その後思い始めるできごとがあったのでそれを紹介したい。

中倉先生は、学生のことは出身高校に至るまで実によく記憶されていた。大学4年の剣道大会に、中倉先生が応援に駆けつけてくださった。試合会場で先生とご一緒していたときに、少し離れたところを湯野先生が通りかかった。それを見かけた中倉先生が、突然、「おーい湯野君、ここに内藤君がいるよ」と大きな声で呼ばれた。突然のことに中倉先生が私の出身高校までご存じだったことにびっくりした。会場のざわめきもあって、残念なことに湯野先生は気付かれずに過ぎ去ってしまわれた。

大学卒業後、お二人の先生の存在を理解するにつけ、もし、あのとき湯野先生が気付かれたら、お二人はどんな話をされたのだろうかと残念でならなかった。声掛けをされた中倉先生のお顔と遠くに見えた湯野先生の後ろ姿だけが記憶に残った。

お二人が鬼籍に入られてだいぶ経ったころ、神田の古本屋で、湯野先生の随筆を立ち読みすることがあった。その中に「中倉清範士九段と語る」と題して、東京から大阪に向かう新幹線の中でお二人が将来の剣道の姿についていろいろ語り合ったと書かれていたのを見つけて釘付けになった。「そうか、そうだったのか」と何か胸につかえていたものがとれた思いだった。

中倉先生から「君は高校でも良い剣道指導者についていたのだからずっと剣道を続けていくように」と言われたことが改めて思い起こされてきた。一方、湯野先生からも高校卒業のときに、「剣道はずっと続けていきなさい。あとで良かったと思うときが必ず来るから」とのお言葉をいただいていたことも思い起こされた。

両先生からのお言葉を支えに、これからも剣道を続けていきたいと思っている。

第2節　有信館剣道の文化（身心技法）

（1）　間合い（呼吸、構えの方向、虚実＝強弱）の特徴

他流では、一足一刀で相手との間合いをしっかりととりつつ剣先を効かせながら力強く相手の手元を崩していくというのが一般的と理解する。一方、有信館剣道は、相手との呼吸を計りながら足さばきにより斜め左右から間合いをつめる。また、相手との正中線を合わせながら、呼吸を独特な方法で練り上げ柔らかく入り込んでいく。このとき、手元、上体が柔らかいゆえ、その柔らかさは結果的に相手に全体重がかかるような圧力になっていくものではと思う。間合いの攻防の最後に瞬間、自分を相手にさらけだすような空間（隙）をつくりながら相手の虚実の変化をうかがう。相手は、攻められる剣先の構えの方向が変わるような感覚になり、思わず自分の体勢が崩れたところを打たれる。これは、神道無念流の実戦的な対応から受け継がれているのではと思われる。科学的合理性と精神力の鍛錬が求められる剣道である。「剣道は、頭50％、腹50％」とは、中倉清のことばである。

（2）　足さばきの特徴

こうした間合いの攻めを支えるのは、左右の開き足、歩み足による、起こりが見えにく

い身体移動によるものといえる。また、その身体移動も、体重が左右どちらかの足にいつもかかっており、移動も足の蹴りではなくて、どちらかの足の踏み込みにより重心移動を行う。即ち、いつでも攻撃できる片足加重の不安定な状態から、相手の正中線めがけて打突することではと理解している。それは、古武術にもみられるような微妙な身体活用を行いながら、神道無念流の独自な足さばきになっていると思う。また、足の筋力を活用した蹴りで前進するのではないことから、現代剣道でもシニアにとっても有力な身体活用の足さばきになるのではと思える。

(3) 稽古の特徴

戦前の有信館道場は、民間道場ということもあってか、今でいえばスポーツクラブ的な存在とも思う。そこでの剣道修行は、自らが「やる」側の論理で貫かれているといえる。[180]前述の神道無念流の独特な足さばき、間合いを独自に練り上げていく過程には、「やらされ

180 佐伯年詩雄(2006)『これからの体育を学ぶ人のために』世界思想社　p125　同書では次のように解説する。「……中略……楽しさを求める体育の学習指導とは、これまでのやらせる側の論理からやる側の論理に立って新しく工夫されねばならないのである。

る」、「やらせる」側の論理の影は薄い。したがって、そうした竹刀剣道を修業する論理は、「やる側の論理」で貫かれており、苦役を強要するのではなく、楽しさを原点とすることが明快に主張されている。これは、現代の生涯スポーツにも通じる発想ともいえる。

こぼれ話⑰ 「思斉会」

中倉先生から戦前の思斉会の活動について伺ったことがある。世にいわれているように戦前は流派や道場が違うとお互い稽古をするのも難しかったと先生もおっしゃっていた。そうした弊害を取り除くべく、当時若手の剣豪たちが稽古会を作った。中倉先生、渡辺敏雄先生、中野八十二先生たちが中心だったという。最初は天狗会と称していたが、それは何かおかしいということで木村篤太郎先生（戦後法務大臣、検事総長、全日本剣道連盟会長などを歴任）に相談したら、こうした集まりは良いことだと賛同されて思斉会と命名してくださったと伺った。大学院で研究しているときに、『思斉会』という会報があったこともわかった。その中で中倉先生はじめ当時の若手剣士たちがいろいろな思いを記述している。

戦後の剣道復活には、この思斉会で活躍されていた渡辺敏雄先生や中野八十二先生たちが尽力されたことは世に知られているところである。さらに剣道が、他の武道と違い、全日本剣道連盟という一つの旗のもとに結集できた遠因のひとつとして思斉会若手剣道家たちの考え方や活動があるのではなかろうかと思う。

中倉先生の盟友であった渡辺敏雄先生とは社会人になってからお会いすることができた。渡辺敏雄先生は、職域の剣道同好会・百練館道場（当時の住友海上火災、現在の三井住友海上所有）剣友会の師範をされておられ、私はその同好会に入会させていただいた。渡辺先生には、「君は中倉の弟子か」とおっしゃって可愛がっていただき、先生の著書『剣道の歴史と哲学』を署名入りでいただいたことがある。稽古を見ていただいて、「君は目がいい」と過分なお褒めをいただいたのを今でもよく覚えている。

大先生からいただいたお言葉を今も大切にして励みにさせていただいている。

第3節　有信館剣道の文化（社会性）

（1）　自分の周り（他者）への広がり

明治以降、競技化しつつあった竹刀剣道で、最大要目である攻撃するポイントを小手、面、胴、突きと限定したことにより、とりわけ有信館剣道ではそれ以外のところを打突した場合は相手に非礼を詫び、御互いを尊重しあうスポーツマンシップに近い感覚も持ち合わせていた。そうした相手への思いやり、自身の内省も踏まえた謙譲の精神が術をさらに高めることにもなるという、技と心が相互につながっていく感覚を持っていたと思う。

（2）　社会への広がり

「やる側の論理」で貫かれ鍛えられかつ他者を尊重するという剣道修行は、単に術の向上にとどまらず、周囲、社会に対しても風潮に流されることなく事態、本質を冷静に見極める力を養うことにもつながっていった。また、殺傷の武術性を色濃く反映していた流派だからこそ、竹刀剣道の本質、それがすなわち殺傷術ではないことをよく認識し、自ずと個人を大切にする、相手を尊重する立場も強く意識していったといえる。中倉清の師である中山博道の言説には戦前の軍国主義、他民族差別の風潮が強いなかでも生命の大切さと人間としての教養の豊かさを求めるものがあった。

こぼれ話⑱「東京麻生　天真寺」

研究しているうちに、東京・麻布山の一角にある我が家の菩提寺の近くに剣豪根岸信五郎、中山博道の師弟が眠る天真寺があることがわかった。これもご縁と思い、早速参拝に赴いた。天真寺山門付近には中倉先生などお弟子さんたちによって建立された中山博道範士の顕彰碑がある。寺の境内には両剣豪の墓が隣接してあり、師弟関係を結んだお二人が永遠の眠りについている。（写真）

中山博道範士顕彰碑
（東京麻布天真寺）
筆者撮影

根岸信五郎は、明治の剣道界を高野佐三郎らと並んでリードした剣豪であるが、山岡鉄舟、高野佐三郎ら一刀流系譜の陰に隠れて、現代剣道界ではあまり表には出ていないことも事実である。その背景、理由については本書での研究報告の通りである。

根岸信五郎は、長岡藩の武士の家系に生まれ、幕末の北越戦争でも幕軍と戦っている。また、残されている著作などからも相当な知識人ということがうかがわれ、まさに文武両道の剣豪であったことが想像される。

根岸信五郎は、北陸の寒村出身の、体力的にはさほど恵まれていない少年中山乙吉（後の博道）の素質を見抜いて、文武両道にわたって育て上げた。根岸信五郎に薫陶を受けた中山博道の晩年の書が「玉　磨かざれば光なし、人学ばざれば道をしらず」（次頁写真参照）である。

ある八段教士の先生に中山博道を研究しているとお話したところ、その先生は、様々な剣道家の書を収集されておられ、私の話をお聞きになられて、そういうことならと中山博道範士のこの書をお譲りくださった。中山博道範士が生涯学び続け、生きざまを表した晩年の麗筆な書である。

東京・麻生天真寺根岸信五郎ご夫妻の墓（左）中山博道の墓（右）筆者撮影

筆者所蔵品
中山博道範士の晩年の書
「玉磨かざれば光なし
人学ばざれば道をしらず」

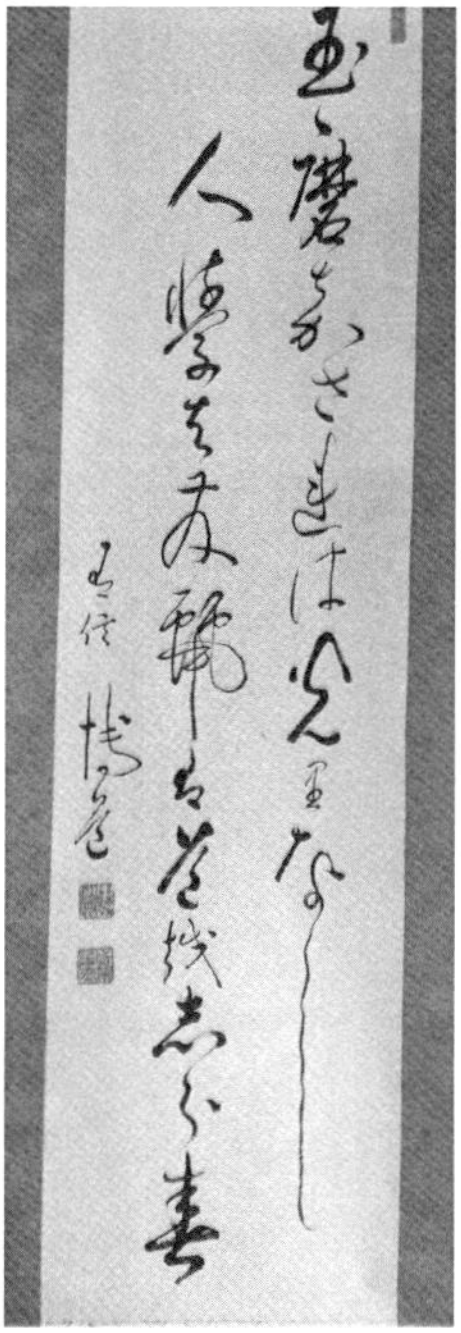

第4節　総論

幕末から興隆してきた竹刀剣道に剣術の実戦的な身心技法を取り入れ、武術の楽しさ、奥行きを竹刀剣道に求めたのが有信館剣道といえる。竹刀剣道の規約・ルールの中で実戦的である有信館剣道の身心技法、即ち竹刀と真剣の関係を常に研究し剣道の強弱はスピードではない、奇正変化による業の緩急であるとしその術理を残そうとしたのが中山博道であった。一方、その弟子、中倉清は、とりわけ戦後復活した竹刀剣道でこうした有信館剣道の身心技法を活かし竹刀剣道の競技性を高めようとした。一方、両者とも心法面では有信館剣道の身心技法を深めていくことで、人間としての様々な諸能力向上に努め、豊かさを求めていったといえる。

戦後、剣道は復活し競技スポーツとして変貌していく中で、中倉清を代表とする有信館剣道の身心技法は強さを発揮するも本論中で紹介しているように、戦後剣道では異色といわれ主流にはなり得ていない。最近の剣道、とりわけ若い方々の試合でみられる剣道は勝ち負けを意識過ぎるあまり力とスピードで攻め、相手の身心を崩すことなく、画一的といわれているる。そうした現代剣道の見直しの素材として本論が少しでも役立つことを願いたい。加えて、筋力が衰えてきているシニア世代や最近増加してきている女性剣士の剣道修行にもこうした有信館剣道の身心技法は有効な手立てになることも期待したい。

さらには、有信館剣道の特徴でもある「やる側の論理」で身心活用術を創意工夫することは、単に技術向上が望まれるだけではなく、個を大切にしながら、様々な人間として諸能力向上にもつながり本質を見抜く目をも育てていくと思われる。こうした点からも、有信館剣道には現代の生涯スポーツにも発展していくような萌芽があったともいえる。

あとがき

拙著ならびに修士論文『有信館剣道（神道無念流）の歴史と文化』を書き上げるまでにはいろいろな先生方にお世話になりました。改めてこの場をお借りして厚くお礼申し上げます。

まずは、早稲田大学大学院スポーツ科学研究科のスポーツ人類学の寒川恒夫教授、武道学の志々田文明教授、スポーツ人類学研究室助教の小木曾航平先生ほか様々な先生にご指導いただきました。早稲田大学では履修生1年間と大学院生修士2年間の合計3年に亘りお世話になりましたが、その間に、早稲田大学剣道部師範の栗原正治教士八段ほか稲門剣友会の先生、先輩方には修論作成にあたってもご指南いただきました。

また、母校一橋大学では、大学院スポーツ社会学の坂上康博教授、スポーツ社会学研究室の関根美智子先生、東洋的身体活用術の長谷川智講師にご助言いただきました。坂上先生、長谷川先生からご紹介いただいた古武術・身体活用術研究家の甲野善紀先生には、古くから伝わる武術の奥義を実際にご披露いただき、神道無念流の術理を深めるきっかけをいただきました。さらには、神道無念流剣術の小川武先生（日本古武道協会理事）にも、中山博道範士とそのご子息中山善道の剣理について実技とともに解説していただきました。また、主に武道関係書籍を出版している島津書房の村瀬博一社長には戦前から戦後にかけての剣道界の動きについて教えていただきました。

資料収集では、中倉清範士のご長男夫人の順子様には、先生の遺作といえる大量の書きとめノートのご提供と活用にご快諾いただきました。また、中山博道範士が戦前師範として指導していた諏訪尚武館の館長（土橋久男二代目、土橋道治三代目）が大学剣道部の先輩というご縁で、同館が刊行した『諏訪尚武館五十年史』に掲載されている「中山博道剣道虎の巻」の使用について、近江誠一同館副館長（全日本歯科医師剣道連盟会長）よりご許可をいただきました。

あえて剣友と呼ばせていただく医師の中山尚夫先生（剣道七段、弓道五段、元全日本剣道連盟医科学委員、２０１８年現在76歳）からは、中山博道範士及び中倉清範士お二人の術理の解説に関する様々な資料をご提供いただきました。

東京大義塾の中村藤雄先生（実業家、２０１８年現在92歳）には、中山博道範士直伝の技の説明資料とそれを解説している録画ビデオを研究資料としていただきました。中村藤雄先生は、戦前北米で剣道を普及させた中村藤吉氏のご次男で、戦後まもないころ中山博道範士から直接手ほどきを受けた方で、戦後、全日本剣道選手権で２回優勝している中村太郎氏の弟御です。中村藤雄先生には、東京大義塾世田谷支部長藤野圭江先生（教士七段。太郎氏、藤雄氏の妹御）に仲介の労をお取りいただきました。

有信館道場の三羽烏の一人で、中倉先生のライバルであり盟友であった羽賀準一先生を知ることは有信館道場の理解を広げることにも繋がるので、羽賀先生が一時ご指導されていた東大剣道部の卒業生、小杉信太郎氏、半田敏久氏、岡本淳氏、近藤典彦氏、小栗敬一郎氏からは貴重なお話を拝聴しました。

最後に、剣道の稽古仲間で作っている古武術・身体活用術研究会（柊雲会）の仲間たち（高津義明会長ほか）とは有信館道場の術理について都度情報交換させていただきました。また、三井住友海上百練館道場剣友会小名木俊夫会長（教士七段）には研究活動の様々な便宜、アドバイスをご提供いただきました。

拙著の刊行に至るまでには、剣道の先生方、剣道の仲間たち、縁あって知り合えた知人・友人たち、早稲田大学大学院で共に学んだ学友たちなど多くの皆様から様々なご教示、ご指導をいただき、また温かい励ましのお言葉も頂戴いたしました。この場をお借りして厚くお礼申し上げます。

最後になりましたが、拙著の刊行にあたり、共同印刷㈱（藤森康彰社長）、特に秘書室（貞清悟氏）にはたいへんお世話になりました。感謝申し上げます。ありがとうございます。

著者略歴

内藤　常男（剣道教士七段）

１９４９年　東京生まれ

１９６８年　東京都立九段高校卒業（剣道部師範　湯野正憲範士八段に師事）

１９７２年　一橋大学社会学部卒業（剣道部師範　本間七郎範士八段、中倉清範士九段に師事）

１９７２年―２０１４年　住友商事株式会社

住友商事㈱執行役員物流保険事業本部長、住商グローバル・ロジスティクス㈱代表取締役社長、千葉共同サイロ㈱代表取締役社長を経て退任

２０１６年―２０１８年　早稲田大学大学院スポーツ科学研究科修士課程修了

現在　共同印刷㈱社外取締役　三井住友海上百練館道場剣友会顧問

主な参考文献リスト

1　主な雑誌

『新武道』（1941－1945）（国防武道協会）
『刀と剣道』（1939年5月－1942年5月）（雄山閣）
『改造』（1922年4月号）
『実業の日本』（1938年7月号、8月号）
『青年読売』（1944年5月号）
『警察協会雑誌』（1929年）
『婦人倶楽部』（1930年11月号）
『野球界』（1940年11月号）
『西日本文化』（1989年248号）（西日本文化社）
『月刊武道』（日本武道館）（1999年6月）
『剣道日本』スキージャーナル社（1984年5月、1995年8月、1996年8月、2010年4月、2012年9月、2016年4月、2017年4月）
『剣道時代』体育とスポーツ社（2011年9月、2015年10月、2016年5月）

2　主な新聞

東京朝日新聞　1909（明治42）年9月11日　武芸夕話　陣中奇遇(1)
東京朝日新聞　1909（明治42）年9月12日　武芸夕話　陣中奇遇(2)
東京朝日新聞　1909（明治42）年9月13日　武芸夕話　陣中奇遇(3)
東京朝日新聞　1909（明治42）年9月14日　武芸夕話　陣中奇遇(4)
東京朝日新聞　1909（明治42）年9月15日　武芸夕話　陣中奇遇(5)
東京朝日新聞　1909（明治42）年9月27日　武芸夕話　陣中奇遇(6)
東京朝日新聞　1909（明治42）年10月2日　武芸夕話　陣中奇遇(7)
東京朝日新聞　1939（昭和14）年2月18日　武芸夕話　慈悲の心を写す
読売新聞　1944（昭和19）年6月25日　必殺必生
読売新聞　1954（昭和29）年7月2日　古来の武道の公開
北日本新聞　1959（昭和34）年　今昔
読売新聞　1993（平成5）年10月23日　生涯現役
毎日新聞　2000（平成12）年6月4日　輝く剣
戦前の日本警察新聞（1923―1932、588号、657号、886号、887号、888号、889号、891号、933号）

3　主な中山博道及び根岸信五郎の著作物。

大村唯次監修幽芳録（根岸信五郎著『剣道講話録』）（１９８９）香山会
大村唯次監修幽芳録（中山博道著『剣道手引草』）（１９８９）香山会
大村唯次監修幽芳録（中山博道著『精神の集中』武道宝鑑）（１９８９）香山会
中山博道・中山善道『日本剣道と西洋剣技』（１９３７）審美書院
根岸信五郎「撃剣指南」（１８８４）渡辺一郎編『明治武道史』（１９７１）新人物往来社
中山博道『剣道必携（基本）』（皇紀２５９７．５．５）目黒区役所

4　主な戦後の剣道指導書、解説書

中野八十二『剣道上達の秘訣』（１９８５）体育とスポーツ社
今井三郎『幼少年剣道の指導と研究』（１９７６）体育とスポーツ社
木寺英史・小田伸午『剣士なら知っておきたい「からだ」のこと』（２００６）大修館書店
伊保清次『新・剣道上達講座』（１９８２）スキージャーナル社
奥山京介『少年剣道指導講座』（１９８６）スキージャーナル社
恵土孝吉『剣道の科学的上達法』（２００９）スキージャーナル社

白神敏雄『新しい剣道』（１９８１）成美堂出版
持田盛二監修中野八十二・坪井三郎著「図説剣道事典」（１９７０）講談社

５　主な参考書籍

あ
生田久美子『「わざ」から知る』（１９８７）東京大学出版会
伊藤元明『医剣宗一途』（２００９）東京理医学研究所
石原忠美・岡村忠典『剣道歓談』（２００７）体育とスポーツ社
岡村忠典『剣の道　人の道』（１９９９）日本武道館
オイゲン・ヘリゲル著柴田治三郎訳『日本の弓術』（１９６２）岩波文庫
オイゲン・ヘリゲル著上田武・稲富栄次郎訳『弓と禅』（１９８１）福村出版
大矢稔編『小森園正雄剣道口述集冷暖自知』（１９９７）体育とスポーツ社
大塚忠義『日本剣道の歴史』（１９９５）窓社
小川忠太郎『百回稽古』（２０１１・９）体育とスポーツ社

か
関東学生剣道連盟『五十周年記念誌』（２００２）

木寺英史『日本刀を超えて』（2014）スキージャーナル社
木村高士『長州藩相伝神道無念流』（1990）新人物往来社
小林英雄『心を耕す剣道』（2014）体育とスポーツ社
源了圓『型』（1999）創文社
甲野善紀『表の体育裏の体育』（2004）PHP文庫
近藤典彦『最後の剣聖羽賀準一』（2015）同時代社

さ

坂上康博『剣道の近代化とその底流、三本勝負を中心に』（1998）創文企画
佐伯年詩雄『これからの体育を学ぶ人のために』（2006）世界思想社
坂井利信『日本剣道の歴史』（2017）スキージャーナル社
佐藤卯吉『永遠なる剣道』（1975）講談社
庄司宗光『剣道五十年』（1956）時事通信社
塩田剛三『合気道修行』（1991）竹内書店新社
全日本剣道連盟『剣道の歴史』（2003）
全日本剣道連盟『剣道指導要領』（2008）
諏訪尚武館五十年史刊行会『諏訪尚武館五十年史』（1974）（非売品）

寒川恒夫『日本武道と東洋思想』（2014）平凡社

た

高野佐三郎『剣道』（1915）良書普及会
千葉栄次郎『千葉周作遺稿』（1942）櫻華社出版部
堂本昭彦『中山博道有信館』（1993）島津書房
堂本昭彦『鬼伝中倉清烈剣譜』（1979）スキージャーナル社（剣道日本）
堂本昭彦『羽賀準一剣道遺稿集』（1995）島津書房
堂本昭彦『中山博道剣道口述集』（1993）スキージャーナル社（剣道日本）
戸部新十郎『明治剣客伝』（1994）毎日新聞社
東京都剣道連盟『創立50周年記念誌』（2001）
富永堅吾『剣道五百年史』復刻版（1992）島津書房
富木謙治『武道論』（1991）大修館書店

な

中倉清『中倉清書きとめノート』（非売品）
中倉清『中倉清先生日記抄交剣知愛』（2003）島津書房（非売品）

中山尚夫『中山博道先生口述剣道虎の巻』解説（2016）（非売品）
中山尚夫『名剣士中倉清範士語録』（1985）（非売品）
中山尚夫『神道無念流第七祖・中山博道とその剣道』（2013）（非売品）
中村民雄『史料近代剣道史』（1985）島津書房
中村民雄『剣道事典』（1994）島津書房
中里介山『日本武術神妙記』（1985）河出文庫
日本武道学会『剣道を知る事典』（2009）東京堂出版
野間清治『昭和天覧試合』（1930）大日本雄弁会講談社
野間清治『武道宝鑑』（1930）大日本雄弁会講談社
野間清治『皇太子殿下御誕生奉祝昭和天覧試合』（1934）大日本雄弁会講談社
野間恒『剣道読本』（1976）講談社

は

原園光憲『剣道の復活』（1972）書房高原
羽賀忠利『羽賀準一遺稿』（1967）羽賀準一遺稿刊行会（非売品）
早瀬利之『剣聖十段斎村五郎　気の剣』（1997）スキージャーナル社

一橋大学剣友会『一橋剣道部八十年史』（１９８３）（非売品）
平田研三『中山博道先生口述剣道虎の巻』（諏訪尚武館五十年史）（１９７４）
（非売品）諏訪尚武館五十年史刊行会
船坂弘『昭和の剣聖持田盛二』（１９７５）講談社
ベンジャミン・リベット著下条信輔訳『マインドタイム　脳と意識の時間』
（２００６）岩波書店
堀正平『大日本剣道史』（１９３３）
堀田捨次郎『剣道講話』（１９３０）
堀籠敬蔵『剣道の法則』（２００２）体育とスポーツ社
古井野学『小説・森寅雄の青春を語る』（２０１６）小川義男（非売品）

ま

三橋秀三『剣道』（１９７２）大修館書店
森田文十郎『腰と丹田で行う剣道』（１９８６）復刻版　島津書房
森田文十郎『剣道禅と過去の術』（１９８８）島津書房
前田英樹『剣の法』（２０１４）三松堂印刷

宮本武蔵・渡辺一郎校注『五輪書』『兵法三十五箇条』（1985）岩波文庫

や

山本甲一『一つの戦後剣道史』（1998）島津書房
保江邦夫『武道vs物理学』（2007）講談社＋α新書
保江邦夫『脳と刀』（2009）海鳴社
安田登『能に学ぶ身体技法』（2005）ベースボールマガジン社
山田次朗吉『日本剣道史』（1922）水心社
山田次朗吉『剣道集義』（1923）一橋剣友会（第4刷）
柳生宗矩著・渡辺一郎校注『兵法家伝書』（1985）岩波文庫
湯野正憲『剣心去来』（1968）鷹書房
湯浅泰雄『身体論』（1990）講談社
湯村正仁『脳を活性化させる剣道』（2016）体育とスポーツ社

わ

渡辺一郎古希記念論集刊行会編『武道文化の研究』（1995）第一書房

6　先行関連論文

中山博道、有信館を特定した先行研究資料は見当たらないが、神道無念流、中山博道の足さばき及び流派特性に関連した主な論文を参考、一部引用した。

榎本鐘司　『幕末剣術の変質過程に関する研究』―幕末諸藩における竹刀打込試合剣術の伝播について―武道学研究15―2（1982）

榎本鐘司　剣道における二重的性格の形成過程について　武道学研究17―1（1986）

杉江正敏　近代剣道の成立過程に関する研究　―『大正武道家名鑑』にみる大正期の武道について　その1　武道学研究18―2（1985）

坂上康博　1930年における剣道家の実態分析　―剣道の近代史最高　スポーツ史学会第16回大会　報告資料（2002．12．1）

坂上康博　戦時下における剣道の変容課過程の研究（その1）―剣道論の分析―

大塚忠義　武道学研究21―2（1968）

小林義雄　剣道技術変遷史（そのⅢ）―用具の変遷との関連から（明治以降）―　武道学研究19―2（1986）

和田麻由　近世剣術における足遣いに関する一考察　武道学研究 IB―3

酒井利信
滝沢光三　剣道の打突における「踏み込み足」の指導についての考察　武道学研究14－2（1981）
中村民雄　近代武道教授法の確立過程に関する研究（二）　武道学研究13－3（1981）
　近代武道教授法の確立過程に関する研究（三）　武道学研究13－2（1981）
中村民雄　中学校武道必須化について―我が国固有の伝統と文化をどう伝えるか―武道学研究42－(3)：1－9、2010
長谷川弘一　明治・大正期における剣道の足構えについて　武道学研究21－(3)、41－48、1989
矢野裕介　剣道における「足さばき」に関する史的研究　―大正期から昭和初期の「胴技に注目して」　日本体育大学紀要37巻1号（2007）13－23
山神真一　剣道における足の構え方と正面打突時の左足底力成分との関連について武道学研究16－1（1984）

写真リスト

写真1　有信館跡真砂坂下『剣道時代』
写真2　有信館主要取扱人物、根岸信五郎、中山博道、中倉清、羽賀準一、中島五郎蔵
写真3　有信館三羽烏（中倉清、羽賀準一、中島五郎蔵）
写真4　諏訪尚武館
写真5　中村藤雄　最後の秘伝
写真6　中村藤雄　左右の足さばき
写真7　中村藤雄　踏み込み足
写真8　中山博道と子供たちの稽古
写真9　中倉清の右足親指爪たつる
写真10　中島五郎蔵の左右の足さばき図
写真11　中山博道伝承の左右切り返し
写真12　信道館道場の左右の切り返し
写真13　現代剣道の踏み込み足解説
写真14　中山博道の写経
写真15　切腹の作法
写真16　東京・麻布　天真寺に眠る根岸信五郎、中山博道の墓

年表　根岸信五郎、中山博道、中倉清、羽賀準一、中島五郎蔵

西暦	和暦	重要な出来事
1844	弘化元年	根岸信五郎生
1852	嘉永5	直心影流　島田虎之助没 鏡新明智流　桃井春蔵直雄没
1853	嘉永6	ペリー来航
1855	安政2	北辰一刀流　千葉周作没
1856	安政3	幕府　築地に講武所を開設
1860	万延1	桜田門の変
1863	万延2	薩英戦争
1864	元治1	新選組池田屋騒動
1867	慶応3	大政奉還

西暦	和暦	重要な出来事
1868	明治1	戊辰戦争―69
1869	明治2	版籍奉還
1871	明治3	神道無念流　斎藤弥九郎　没
1872	明治5	中山博道生
1873	明治6	榊原鍵吉　撃剣会興行
1877	明治10	西南の役
1881	明治14	警視庁再設置　武術世話係を採用開始
1882	明治15	山岡鉄舟　春風館を開く 嘉納治五郎　柔道場開設、講道館の始まり。
1891	明治24	中山博道有信館入門
1895	明治28	大日本武徳会設立　中山博道師範代
1899	明治32	大日本武徳会　武徳殿建てる

西暦	和暦	重要な出来事
1900	明治33	中山博道師範代となる
1902	明治35	中山博道免許皆伝　根岸信五郎の養子となる
1908	明治41	羽賀準一生 中島五郎蔵生
1909	明治42	中山博道　本郷真砂坂に有信館道場を建てる。 高野佐三郎　高等師範講師
1910	明治43	中倉清生
1912	明治45（大正元年）	中山博道　剣道形制定委員となる。
1913	大正2	根岸信五郎没
1915	大正4	高野佐三郎　神田今川小路　修道学院を建てる。
1923	大正12	関東大震災

西暦	和暦	重要な出来事
1924	大正13	中島五郎蔵有信館剣道入門、明治神宮競技大会出場修道学院黒崎稔に勝つ
1926	大正15（昭和元年）	羽賀準一　有信館入門
1927	昭和2	中倉清　鹿児島大道館武道専修学校入学
1929	昭和4	中倉清　中山博道に会う
		羽賀準一　皇宮警察正式任官
		中島五郎蔵　警視庁に奉職、助教となる。
1930	昭和5	中倉清　有信館入門
		羽賀準一　精錬証　各種大会に優勝
1931	昭和6	中倉清　4月宮内省皇宮警察官拝命　5月精錬証
		羽賀準一　警視庁助教に就任

西暦	和暦	重要な出来事
1932	昭和7	中倉清　第七回明治神宮大会優勝、植芝盛平と養子縁組
		羽賀準一　中島五郎蔵、各種大会に優勝
1933	昭和8	中山博道　有信館道場開き
1934	昭和9	中倉清　東京商科大学剣道師範、日本体育学校講師、宮内省済寧館大会優勝
		羽賀準一　京城帝大予科師範就任
1936	昭和11	中倉清　皇道義会錬士優勝
1937	昭和12	中倉清　宮内省済寧館大会優勝
1938	昭和13	中倉清　教士号取得
1939	昭和14	中倉清　紀元2600年奉祝全国武道大会最年少で出場道義会教士優勝　思斎会

西暦	和暦	重要な出来事
1941	昭和16	太平洋戦争勃発
1942	昭和17	中倉清　満州新京神武殿で金沢憲一郎と立ち合いが戦前最後の公式試合 政府外郭団体としての大日本武徳会結成
1944	昭和19	羽賀準一　陸軍召集
1945	昭和20	終戦　羽賀準一　中山博道より長谷川英信流居合伝授
1946	昭和21	大日本武徳会新役員理事決定（軍関係者を除く、中山博道理事）。GHQ解散命令
1947	昭和22	中倉清　鹿児島に帰郷
1949	昭和24	警視庁、GHQ　剣道禁止 中島五郎蔵　警視庁警棒術の創案、剣道命脈に尽力

西暦	和暦	重要な出来事
1951	昭和26	中倉清　左足複雑骨折 羽賀準一　国民体育館で指導
1952	昭和27	東京都剣道連盟結成、全日本剣道連盟結成
1953	昭和28	中倉清鹿児島県警復職　県警察学校、県警察本部師範　県剣道連盟理事長
	昭和28	中倉清　第一回京都大会　第一回都道府県対抗剣道大会が京都で開催
1954	昭和29	中倉清　第二回京都武徳殿都道府県対抗大会に出場鹿児島チーム優勝第一回全日本東西対抗大会剣道大会出場（以後9回大会まで連続出場、無敗）
		羽賀準一　剣道具店梅田号開店
1955	昭和30	

西暦	和暦	重要な出来事
1956	昭和31	中倉清　第二回東西対抗特別選抜個人選手権試合優勝、第三回大会の9人抜きは有名
1957	昭和32	中倉清全九州選手権大会7段の部優勝、
		中山博道　全剣連より授与されるも十段を断る。
1958	昭和33	中山博道没
1962	昭和37	中倉清　範士称号授与　第17回岡山国体中倉清参戦、鹿児島チーム出場優勝
1963	昭和38	羽賀準一　芝浦工大剣道部師範
1966	昭和41	羽賀準一没　中倉清　関東管区警察学校教授任命
1970	昭和45	中島五郎蔵　警視庁副主席師範
1971	昭和46	中倉清　一橋大学師範

西暦	和暦	重要な出来事
1973	昭和48	中倉清　世界選手権米国大会総監督
1989	昭和64（平成元年）	
1993	平成5	中島五郎蔵没
2000	平成12	中倉清没

資料　『剣道の歴史』（全日本剣道連盟編）
中倉清顕彰碑、
『最後の剣聖羽賀準一』
『剣道日本』

有信館剣道（神道無念流）の歴史と文化

2018年 9 月 2 日　初版第 1 刷発行
2019年 4 月 7 日　初版第 4 刷発行

著　者　内藤常男

発行所　ブックウェイ
〒670-0933　姫路市平野町62
TEL.079 (222) 5372　FAX.079 (244) 1482
https://bookway.jp

印刷所　小野高速印刷株式会社

ISBN978-4-86584-346-0